未来へ
事業を
つなぐ

後悔しない！
中小M&Aガイド

事業承継支援コンサルティング研究会編

LOGICA
ロギカ書房

まえがき

● 中小企業が末永く発展することで、すべての人々を幸せにしたい

　本書は中小企業診断士と弁護士による共著です。中小企業診断士はその名の通り、経営コンサルティングの専門家であり、弁護士は法律の専門家です。著者はいずれも「中小企業の末永い発展」を目指しており、日夜多くの企業をコンサルティングしています。しかし、事業承継やスモール M&A について、経営者に正しい知識が伝わっていないことを憂慮し、本書を書きはじめました。

● 昨今の中小 M&A の問題について

　近年、中小企業の経営環境は急速に変化しています。後継者不足や市場の競争激化に直面し、自社の未来について、様々な可能性を考える経営者が増えています。その中で、事業承継や成長戦略の一環として「中小 M&A」を検討するケースが目立つようになりました。

　しかしながら、M&A は単なる企業間の売買取引ではありません。それは、経営者のこれまで築き上げてきた努力と想いを未来に託す「経営のバトンタッチ」です。このバトンタッチを成功させるためには、単に譲渡価格や契約条件の交渉だけではなく、譲渡後の事業運営や統合プロセス（PMI: Post Merger Integration）までを見据えた準備と対応が必要です。安易な M&A による失敗例も少なくなく、こうした失敗は、譲渡側・買収側の双方にとって大きな後悔をもたらします。

　また、M&A を検討する前に、自社の経営基盤をしっかりと整える経営改善が非常に重要です。経営改善の取り組みを怠ったまま M&A に臨むと、買い手にとっての魅力が乏しい企業と見なされ、売却価格の低下や交渉条件の悪化を招く可能性もあり、本来の企業の価値を十分に表せないこともあります。た

まえがき

とえ売却や買収が成功しても、経営基盤が脆弱なままでは統合後の運営に困難をきたす可能性があります。業務プロセスの見直しや収益構造の改善を図り、自社の強みを明確化することが、M&A の成功確率を大きく高めます。

さらに、M&A を検討している企業でもあっても、後継者の育成を計画的に進めることは非常に重要です。後継者が存在することによって、M&A 以外の選択肢も広がります。経営者が後継者の能力を高め、経営力を高めることで、「企業価値」は高まります。後継者がいない場合でも、自社の価値を最大限に高めるために、経営ノウハウや企業文化の共有を進めておくことが重要です。こうした準備は、M&A の交渉を有利に進めるだけでなく、譲渡後の企業価値の維持・向上にも寄与します。

● このような経営者にお読みいただきたい

本書は、まず、M&A を規模別に①大企業 M&A ②中小（企業）M&A ③スモール M&A と分類しています。第1章を中小 M&A を中心に、第2章・第3章をスモール M&A を中心に書いております。そして中小企業経営者が M&A の失敗を未然に防ぎ、中小企業が中小 M&A を通じて真の繁栄を実現するために必要な知識と視点を提供することを目的としています。特に、次のような課題に直面する経営者にぜひ読んでいただきたいです。

　　・自社内に、後継者がおらず、事業承継の手段として M&A を検討している。
　　・新規事業や他地域への展開を目指して他社の買収を考えている。
　　・M&A の進め方やリスクについて漠然とした不安を抱えている。
　　・譲渡後の従業員や取引先との関係をどのように維持すべきか悩んでいる。

特筆すべきは、中小企業における中小 M&A と大企業の M&A とは大きく異なり、独自の課題が存在することです。買い手と売り手の信頼関係や地域社会への配慮、企業文化の違いへの理解など、中小企業ならではの要素をしっかり経営者が把握することが成功の鍵となります。また、M&A 後の統合作業において、買収企業が新たな組織を効率的に運営できるかどうかも重要なポイン

トです。

- 中小 M&A をサポートできる中小企業診断士

　本書では、具体的な事例を交えながら、これらの課題にどのように向き合うべきかを解説します。また、M&A を成功させるための重要なパートナーとして「中小企業診断士」の活用を強く推奨しています。中小企業診断士は、事業承継や組織統合、新規事業の展開など、幅広い経営課題に対応できる専門家です。企業における「ヒト・モノ・カネ」の全てに精通している国家資格の経営コンサルタントです。中立的な立場で経営者を支え、企業の強みや課題を客観的に分析し、M&A 後の統合プロセスをスムーズに進めるための助言を行います。

　この本が、読者の皆さまにとって、中小 M&A をより深く理解し、成功への道筋を描く一助となることを願っています。そして、M&A という選択肢が単なるリスクではなく、自社と譲受企業の未来を共に切り拓く希望に満ちた決断となるよう、その準備と実践を支援する 1 冊であることを目指しています。

　さあ、共に未来を描きましょう。本書が皆さまの経営判断に少しでも貢献できることを心より願っています。

（一社）東京都中小企業診断士協会
事業承継支援コンサルティング研究会

副幹事　高橋　秀仁

目次

まえがき

序 章
中小企業経営者が抱える課題 ································· *1*

第 1 章
中小企業経営者に
経営コンサルタントが伝えたい基本事項

第 1 章-1　中小企業にとっての事業承継とは ············ *14*

Q1-1　　中小 M&A の重要性　*14*

Q1-2　　中小企業の事業承継の実態　*17*

Q1-3　　事業承継の年齢　*21*

Q1-4　　何から手を付けたらいいか　*24*

Q1-5　　事業承継の成功とは　*28*

Q1-6　　廃業の方が楽ではないか？　*30*

コラム　「惜しまれながら廃業のないまちへ」　*32*

Q1-7　　後継者を育成するためのアドバイス　*33*

Q1-8　　現経営者の引退後の役割　*35*

第 1 章-2　今、必要な中小 M&A とは ················· *37*

Q1-9　　事業承継・中小 M&A・スモール M&A の違い　*37*

目次

Q1-10　会社を継ぐかどうか分からない後継者　*41*

Q1-11　業績の悪い会社の売却　*43*

Q1-12　後継者の経営能力に不安　*46*

Q1-13　親から引き継いだ会社が業績悪化、廃業も視野　*49*

Q1-14　零細企業のM&A　*52*

第1章-3　経営資源の承継を実現する中小M&A ………*55*

Q1-15　M&Aによる技術や顧客の毀損　*55*

Q1-16　M&Aの検討・決断を社内に伝えるタイミング　*58*

Q1-17　株式譲渡後も会社の名称を残したい　*62*

Q1-18　M&A後の従業員への配慮　*65*

Q1-19　中小M&A成功のポイント　*67*

Q1-20　第三者事業承継の時間　*70*

Q1-21　廃業に伴う取引先への対応　*73*

第1章-4　外部協力について（専門家・支援機関　マッチングサイトなど）………………………………*78*

Q1-22　M&A後のトラブル　*78*

Q1-23　M&A失敗の回避のための取り組み　*81*

Q1-24　専門家への相談　*84*

Q1-25　M&Aに必要な費用　*87*

Q1-26　公的な補助金　*91*

コラム　M&Aマッチングサイト　*98*

第1章-5　中小M&Aとアントレプレナーシップ ……*100*

Q1-27　売却相手　*100*

Q1-28　起業家精神をもった経営者の引き継ぎ　*103*

目次

Q1-29 起業家への惹きつけ材料 *106*

Q1-30 起業家による M&A 後の PMI *108*

Q1-31 起業家精神を持った後継者の発見 *111*

第 1 章-6 事業承継後の経営者について …………………*113*

Q1-32 M&A 後の引退経営者の役割 *113*

Q1-33 引退後のライフプラン *116*

Q1-34 経営を続けるか、他人に譲るか *120*

第 2 章
弁護士から見たスモール M&A による事業承継

第 2 章-1 事業承継と M&A ………………………………*124*

Q2-1 大企業対象の M&A とスモール M&A の違い *124*

Q2-2 スモール M&A の具体的な流れ *128*

Q2-3 買収会社の選定基準 *133*

Q2-4 事業承継での M&A 活用 *137*

Q2-5 まず、引退後のビジョンを決める *141*

Q2-6 譲渡後も経営に携わりたい *146*

第 2 章-2 スモール M&A の活用と課題 …………………*150*

Q2-7 仲介者や FA の利用と選定 *150*

Q2-8 M&A に掛かる費用 *155*

Q2-9 M&A に係る企業の売買価格 *159*

Q2-10 M&A の失敗を回避するポイント *163*

Q2-11 事業承継・引継ぎ支援センターとは *167*

目次

Q2-12 M&A プラットフォーマーとは *171*

Q2-13 プラットフォーム以外の活用 *176*

第3章
スモール M&A と
事業承継を実行するための具体的ポイント

第3章-1 買い手の視点 ……………………………………………………………… *180*

Q3-1 取得するべき対象会社の議決権 *180*

Q3-2 M&A によく出てくる DD とは何か *184*

Q3-3 不動産だけ欲しい M&A *189*

第3章-2 売り手の視点 ……………………………………………………………… *192*

Q3-4 会社の価値を高める *192*

Q3-5 「見える化」とは何か *196*

Q3-6 「磨き上げ」とは何か *200*

Q3-7 名義株への対応 *203*

Q3-8 会社財産の整理 *207*

Q3-9 経営者保証の解除 *211*

Q3-10 再生 M&A *215*

第3章-3 M&A 実行時の法律問題 ……………………………………………… *222*

Q3-11 M&A における株式譲渡と事業譲渡の違い *222*

Q3-12 コンプライアンスの重要性 *227*

Q3-13 M&A 関連契約の留意点 *231*

Q3-14 従業員の処遇 *238*

Q3-15　事業譲渡における従業員との雇用契約　*241*

Q3-16　FA の役割と依頼の範囲　*245*

第 3 章-4　中小 M&A と PMI ···*249*

Q3-17　中小 M&A ガイドラインの改訂とポイント　*249*

コラム　ガイドラインて何？　*254*

Q3-18　M&A と PMI　*256*

Q3-19　人事・労務の PMI　*259*

Q3-20　従業員への説明　*262*

あとがき

■執筆担当一覧

Q番号	質　問	担当者
まえがき		髙橋　秀仁
序章　中小企業経営者が抱える課題		小脇　修
第1章　中小企業経営者に経営コンサルタントが伝えたい基本事項		
第1章-1　中小企業にとっての事業承継とは		
1-1	中小M&Aの重要性	佐藤　賢治
1-2	中小企業の事業承継の実態	佐藤　賢治
1-3	事業承継の年齢	西本　成夫
1-4	何から手を付けたらいいか	佐々木　亮
1-5	事業承継の成功とは	髙橋　秀仁
1-6	廃業の方が楽ではないか？	西本　成夫
コラム	「惜しまれながら廃業のないまちへ」	
1-7	後継者を育成するためのアドバイス	髙橋　秀仁
1-8	現経営者の引退後の役割	髙橋　秀仁
第1章-2　今、必要な中小M&Aとは		
1-9	事業承継・中小M&A・スモールM&Aの違い	佐々木　亮
1-10	会社を継ぐかどうか分からない後継者	髙橋　秀仁
1-11	業績の悪い会社の売却	下村　博史
1-12	後継者の経営能力に不安	西本　成夫
1-13	親から引き継いだ会社が業績悪化、廃業も視野	安田　和博
1-14	零細企業のM&A	下村　博史
第1章-3　経営資源の承継を実現する中小M&A		
1-15	M&Aによる技術や顧客の毀損	下村　博史
1-16	M&Aの検討・決断を社内に伝えるタイミング	安田　和博
1-17	株式譲渡後も会社の名称を残したい	安田　和博
1-18	M&A後の従業員への配慮	西本　成夫

1-19	中小 M&A 成功のポイント	佐藤　賢治
1-20	第三者事業承継の時間	西本　成夫
1-21	廃業に伴う取引先への対応	安田　和博

第 1 章-4　外部協力について（専門家・支援機関マッチングサイトなど）

1-22	M&A 後のトラブル	髙橋　秀仁
1-23	M&A 失敗の回避のための取り組み	西本　成夫
1-24	専門家への相談	下村　博史
1-25	M&A に必要な費用	佐々木　亮
1-26	公的な補助金	安田　和博
コラム	M&A マッチングサイト	下村　博史

第 1 章-5　中小 M&A とアントレプレナーシップ

1-27	売却相手	下村　博史
1-28	起業家精神をもった経営者の引き継ぎ	下村　博史
1-29	起業家への惹きつけ材料	下村　博史
1-30	起業家による M&A 後の PMI	下村　博史
1-31	起業家精神を持った後継者の発見	下村　博史

第 1 章-6　事業承継後の経営者について

1-32	M&A 後の引退経営者の役割	佐藤　賢治
1-33	引退後のライフプラン	佐々木　亮
1-34	経営を続けるか、他人に譲るか	下村　博史

第 2 章　弁護士から見たスモール M&A による事業承継

第 2 章-1　事業承継と M&A

2-1	大企業対象の M&A とスモール M&A の違い	上野　真裕
2-2	スモール M&A の具体的な流れ	松井　智
2-3	買収会社の選定基準	松井　智
2-4	事業承継での M&A 活用	松井　智
2-5	まず、引退後のビジョンを決める	松井　智

2-6	譲渡後も経営に携わりたい	松井　智
第2章-2　スモールM&Aの活用と課題		
2-7	仲介者やFAの利用と選定	松井　智
2-8	M&Aに掛かる費用	松井　智
2-9	M&Aに係る企業の売買価格	松井　智
2-10	M&Aの失敗を回避するポイント	松井　智
2-11	事業承継・引継ぎ支援センターとは	清水　健介
2-12	M&Aプラットフォーマーとは	松井　智
2-13	プラットフォーム以外の活用	清水　健介
第3章　スモールM&Aと事業承継を実行するための具体的ポイント		
第3章-1　買い手の視点		
3-1	取得するべき対象会社の議決権	清水　健介
3-2	M&Aによく出てくるDDとは何か	清水　健介
3-3	不動産だけ欲しいM&A	清水　健介
第3章-2　売り手の視点		
3-4	会社の価値を高める	松井　智
3-5	「見える化」とは何か	松井　智
3-6	「磨き上げ」とは何か	松井　智
3-7	名義株への対応	清水　健介
3-8	会社財産の整理	松井　智
3-9	経営者保証の解除	松井　智
3-10	再生M&A	清水　健介
第3章-3　M&A実行時の法律問題		
3-11	M&Aにおける株式譲渡と事業譲渡の違い	松井　智
3-12	コンプライアンスの重要性	松井　智
3-13	M&A関連契約の留意点	清水　健介
3-14	従業員の処遇	上野　真裕

3-15	事業譲渡における従業員との雇用契約	上野	真裕
3-16	FA の役割と依頼の範囲	清水	健介
第3章-4　中小 M&A と PMI			
3-17	中小 M&A ガイドラインの改訂とポイント	佐藤	賢治
コラム	ガイドラインて何？	佐藤	賢治
3-18	M&A と PMI	佐藤	賢治
3-19	人事・労務の PMI	上野	真裕
3-20	従業員への説明	上野	真裕
あとがき		髙橋	秀仁

序 章
中小企業経営者が抱える課題

1. 苦難に直面する中小企業経営者

　我が国における企業者数は、総務省統計局調査によりますと421万者（2021年）といわれています。そのうち、中小企業者の数は、336万者（2021年6月時点）であり、約80％の企業が中小企業であるということです。しかしながら、日本の中小企業の数はその5年前の2016年と比較して、年間約4.3万者も減少しており、毎日100社以上が廃業しているのです。日本の産業を下支えする中小企業の減少は、中小企業だけの問題ではなく、産業界全体の大変な問題と考えられます。また、中小企業は、地域経済を支えている面もあり、地域経済の崩壊の恐れもあります。さらに帝国データバンクの最新調査（2023年の全国企業『休廃業・解散』動向調査）によりますと、休廃業・解散の件数は約5万9105件で、2023年5月にコロナ禍も終了したにもかかわらず前年比約10%増加しました。そのうち、黒字廃業の割合は51.9%でした。休廃業・解散の内約半数が黒字なのです。ここに我が国の中小企業が抱える本質的な課題や事業の継続を断念せざるを得ない中小企業経営者の苦悩が垣間見られます。次項では、中小企業経営者の座談会を通して、悩める中小企業経営者の課題について考えます。

2. 中小企業経営者の座談会

　それでは、ここでは4人の中小企業の経営者の座談会を行い、その課題を検証します。

司会

　今日は、中小企業の社長様4人にお集りいただき、座談会を開催し、中小企

業の経営者の抱える課題について考えてみたいと思います。今日お集りの皆さまのお会社は、中小企業として高度成長期に日本経済の成長を支え、発展に貢献されてきました。しかし、バブル崩壊以後、日本経済は失われた30年と言われるほど経済は成長せず、デフレ経済が定着してしまいました。そのような中、新型コロナのパンデミックを経験しましたが、新型コロナもようやく沈静化し始めた2022年2月24日にロシアのウクライナ侵攻が始まり、世界的な原材料の高騰、そして物価高騰、エネルギー価格の高騰が始まりました。また、中国の海洋進出や北朝鮮問題と地政学的なリスクも高まっています。さらに中東では、イスラエルとハマスやヒズボラとの戦闘、イランとの報復の応酬等戦火の拡大が現実化し、さらなる原油価格の高騰への懸念が高まっています。

　これらのことは、我が国の電気代、ガス代の価格高騰による製造原価への影響やガソリン代の上昇による輸送コストの増加、人手不足の上に政府の賃上げ要請、運送業や建設業の2024年問題等々、中小企業を取り巻く経営環境の厳しさは、ますますその度合いを高めていると言っても決して過言ではないと思われます。そのような厳しい経営環境の現場でかじ取りをされている皆様方も現在、70代前後の年齢を迎えられています。今後、事業を継続していく上でどのような課題があるかお話をうかがいたいと思います。

A 社長

　当社は、製造業です。海外から原材料を仕入れ、部品を製造し、大手メーカーを中心に納入しています。ロシアのウクライナ侵攻もあり、原材料が高騰しています。さらに円安が追い打ちをかけています。価格転嫁の値上げ交渉もしているのですがなかなか進みません。そうこうしているうちにコロナ渦で借り入れたゼロゼロ融資の返済も始まり、資金繰りが大変です。幸い債務超過には至っておりませんが、近年赤字が続いており、新たな融資も望めません。子供は、長男は大企業に就職し、次男は、後継者候補として入社しましたが、どうも経営者に向いているように思えませんし、本人もサラリーマンで気楽な人生を望んでいる様です。従業員の先行きを含めて心配で仕方がありません。

B 社長

　当社は、飲食業で数店舗を運営しています。新型コロナ前は行列のできる店として取り上げられたこともあり、数店舗出店して経営も順調でした。しかし、その矢先、新型コロナのパンデミックで客足も途絶え、給付金やゼロゼロ融資で何とかしのいできましたが、新型コロナ後も客足は元に戻っていません。インスタグラム等のSNSを活用した集客も考えましたが、何しろ私も年なのでスマホは何とか使えますが、ITを活用したマーケティングは、良くわかりませんし、私の周りにも従業員にも詳しい者はおりません。その従業員ですが、人手不足で新型コロナ前にいた従業員も戻っていません。従業員の賃金も引き上げて募集しましたが応募もなく、逆に今いる従業員もより賃金の高い会社に移ろうとしている気配も感じます。ゼロゼロ融資の返済も始まり、とうとう債務超過に陥ってしまいました。幸い本店以外は、テナントとして入っていますので、ここで見切りをつけて廃業も考えるようになりました。

C 社長

　当社は、小規模な製造業を営んでおり、部品をメーカーに納入しています。幸いなことにコロナ禍でも黒字が維持できていました。しかし、私も70歳を超えてちょっと疲れてきました。子供は娘で嫁いでいて、娘婿が銀行を退職して当社に入社しました。銀行出身なので経理は得意なのですが、生産の現場が苦手みたいでどうも転職を考えている節が見られます。私も多少なりとも蓄えがありますので、このへんで廃業したいと考えています。ただ、納入先からは、当社しか作れない部品もあるとのことで、廃業は思いとどまるように説得を受けています。しかし、事業を継続したとしても従業員も60歳前後となり、その技術をどのように承継するか、課題もあります。テレビでDXに取り組んで解決を図った事例は見たりするのですが、ITに疎い私にはよくわかりません。

A 社長

　黒字なのに廃業を考えるなんてもったいない。

司会

いえいえ、帝国データバンクの調査によると休廃業や解散をする企業の約半数が黒字なのです。事業承継の問題等、様々な要因が考えられます。

B 社長

半数が黒字なんて？ 何かの間違いではないですか？ C 社長さんのようなケースもあるでしょうけどいくらなんでも半数なんてないでしょう。

D 社長

いやいや一概にそうは決めつけられないと思います。私は、今のところ廃業は考えていませんが、可能性は無きにしもあらず、と思っています。もし私が、万が一廃業するとしたらここにいる経営者が 4 人で、そのうち 2 人となりますから、50 ％となります。

A 社長・B 社長・C 社長

なるほど。そうなるな。

D 社長

ところで私は従業員数人の小さな商社を営んでいます。私が 20 代の時に創業し、心血を注いできた会社です。まさに 24 時間 365 日働いてきました。得意先にも恵まれ、関係は非常に良好です。残念ながら子供もおりませんし、死ぬまで現役で働き続けるつもりです。しかし、妻は、私がもう十分働いてきたとして、私の年齢と体調を心配し、リタイアを勧めています。妻は、私とゆっくりとした老後を送り、たまには海外旅行に行こうと言っています。私もそう思う部分もあるのですが、なにしろ私から仕事を取ったら何も残りませんし、数人ながらも従業員もいます。どのようにしたらよいのか悩んでいるところです。

司会

皆様は、経営の状況は、赤字、債務超過、黒字と様々ですが大変な状況とお

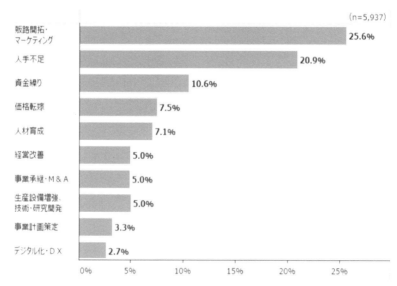

小規模事業者が重要と考える経営課題（上位10項目）

項目	割合
販路開拓・マーケティング	25.6%
人手不足	20.9%
資金繰り	10.6%
価格転嫁	7.5%
人材育成	7.1%
経営改善	5.0%
事業承継・M&A	5.0%
生産設備増強、技術・研究開発	5.0%
事業計画策定	3.3%
デジタル化・DX	2.7%

(n=5,937)

資料：EYストラテジー・アンド・コンサルティング（株）「小規模事業者の事業活動に関する調査」（2023年12月）
(注)「特にない」を除く上位10項目を表示している。

出典：2024年版中小企業白書・小規模企業白書概要

見受けしました。そして、皆様に共通するのは、後継者に課題があるか、もしくは後継者がいらっしゃらないということですね。つまり、皆様が心血を注いできた会社の事業の継続が危うくなってきている様です。2024年の中小企業白書にも小規模事業者の経営課題が整理されています。

まさに皆様がかかえている課題そのものですね。また、皆様が心配されている従業員の雇用継続も大変な問題なのです。2019年に発行された中小企業庁の資料では、2025年までに、70歳（平均引退年齢）を超える中小企業・小規模事業者の経営者は約245万人となり、うち約半数の127万（日本企業全体の1/3）が後継者未定ということです。そして、それを放置したままだと、中小企業・小規模事業者廃業の急増により、2025年までの累計で約650万人の雇用、約22兆円のGDPが失われる可能性あると警鐘を鳴らしています。

中小企業・小規模事業者の事業承継は喫緊の課題

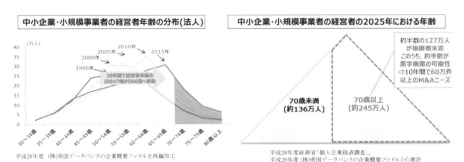

出典：中小企業庁「中小企業・小規模事業者における M&A の現状と課題」

D 社長

650万人の雇用と22兆円のGDPが失われる？　そんな大げさなことになるなんて。数字が大きすぎて私にはピンときません。

司会

これは、経済産業省の中小企業庁が出している正式な資料です。中小企業の事業継続や事業承継が日本経済に大きな影響を与えるということです。また、それができないとサプライチェーンや産業集積が損なわれるという指摘もなされています（中小企業庁：「事業承継に関する現状と課題について」、「中小企業の事業承継問題と産業集積・サプライチェーン」（商工金融2019年9月号）。

C 社長

確かに。我が社が納入先のメーカーから要請されているのはまさにその点です。我が社が無くなると納入先の製品が作れなくなるので当社の都合だけで廃業なんかできないのです。

司会

実はそのような中小企業経営者の皆様の課題を解決できる方法があります。

社長一同

そんな方法があるのですか？　一体それはどのような方法ですか

司会

それがM&Aなのです。先程ご紹介した資料は、中小企業庁の「中小企業・小規模事業者におけるM&Aの現状と課題」という資料の冒頭に掲載されており、その解決方法として第三者承継つまりM&Aによる事業承継や事業継続の方向性強化を示しているのです。

D社長

M&Aってテレビや新聞で報道されていますが、大企業がやるものでしょう。わが社は中小どころか従業員数人の零細企業ですよ。わが社を買う企業なんてありませんよ。

A社長

しかも、わが社は赤字です。赤字会社を買うなんて考えられません。

B社長

当社なんか赤字を通り越して債務超過なのですよ。もう廃業しかないとあきらめています。

司会

そう思われているのも無理はありません。ところでB社長、廃業するにもお金がかかるのはご存じですか？

B社長

そんなことを言われても、もう大して現金なんてないし、銀行も廃業する会社に融資なんかしませんよ。

司会

廃業するには、現在テナントとして入っている店舗を原状回復するのに費用がかかります。店舗にもよりますが、1店舗当たり数百万円×店舗数、それに、裁判所に廃業の手続きをするのに予納金を納めなくてはなりません。

B 社長

何ですかその「予納金」とは？一体いくらくらいかかるのですか。

司会

一概に決まっていませんが、数百万円から千数百万円くらいかかると思われます。

B 社長

そんなにかかるのですか！もう夜逃げしかないのか。

司会

いえいえ、すべての課題を解決できるとは申し上げられませんが、たぶん、皆様は借入金の連帯保証人にもなっていると思われます。それを含めて今よりも、ベターな方向に持っていける可能性はあると思われます。また、C社長、D社長がおっしゃるように一般的に M&A は大企業が行うものとのイメージがあります。そこで、私どもは、皆様方のような中小零細企業を対象とした M&A を「中小 M&A」と呼んで多くの中小零細企業の経営者の皆様に身近に感じて頂けるようにしています。

D 社長

そうか、それで最近 M&A の DM がやたら多いと思っていた。たまに電話もかかってくる。わが社には関係ないと思って DM は見てはいなかったし、電話にも出ていませんが。

C 社長

そういえば、知り合いの社長が M&A で会社を売却したと言っていたな。

しかし、売却金額とほぼ同じ金額のM&Aの手数料を取られた上に連帯保証が解除されないままで、裁判をやっている様だ。やっぱり、何の知識もない中小企業の我々が、安易にM&Aなんか手を出したら恐ろしいことになりそうだ。

司会

いえいえ、一概にそうは決めつけられません。中小M&Aでも正しい知識と支援者を得られれば、皆様方の課題も十分、解決の方向に向かえると思われます。是非、一緒に勉強してみませんか。

社長一同

そうですね。M&Aなんて関係ないと思っていたけど勉強してみる価値はありそうだ。

A社長

わが社を買ってくれるところがあれば、もう資金繰りの苦労から解放されるが、従業員の雇用は大丈夫だろうか。心配だ。

司会

それは、売却先を見付ける際に十分検討し、売買契約書に盛り込んでおくのです。具体的には、後程勉強してまいりましょう。

B社長

先程申し上げましたが当社は債務超過です。それでも売れるでしょうか。

司会

債務超過の場合でも、売却先が見つかるケースもあります。買い手には、それぞれ企業を買収する理由があるのです。買い手になったつもりで自社を見直してみたらどうでしょうか。

B 社長

それもそうだな。

C 社長

当社を買ってくれるところがあったら、技術の伝承もできるかもしれないです。なんだかうれしくなってきました。

D 社長

私は、仕事を取ったら何も残りません。妻には悪いと思いますが、会社の売却は考えられない様な気がします。

司会

会社を売却しても即会社と縁が切れるわけではありません。D 社長は長年にわたって得意先と円滑な人間関係を築いてこられたとおっしゃいました。これこそが D 社長の大事な財産です。会社を売却されても買収先がすぐにそのような関係が構築できるとは限りません。社長という肩書はなくなるかもしれませんが顧問という形で会社に残るケースは、多く見られます。

D 社長

そうなのですか。長年妻には家庭のことはすべて任せてきて、申し訳ない気持ちも多々ありました。妻の幸せも実現でき、私も仕事を軽減できながら継続出来たら最高です。なにかちょっと希望が湧いてきました。

司会

皆様のお顔を拝見すると座談会を始める前より少し明るくなられたような気がします。私も少しほっとしています。それでは、さっそく「中小 M & A」についてご説明をしてまいります。皆様方にもわかりやすく Q&A を交えて説明をしてまいりますので安心してついてきて下さいね。

序章　中小企業経営者が抱える課題　*11*

■■コラム■■　防衛省も中小企業の事業承継支援？

　2024年10月に国の中小企業の支援機関の研修施設に異色の方々の姿がありました。受講生の多くは、中小企業の支援機関である商工会、商工会議所の経営指導員の皆様です。研修内容は、「小規模企業のものづくり支援」についてです。そこになんと防衛省防衛装備庁の職員の方が数人参加されていたのです。普通に考えたら場違いと思われますが、その目的はちゃんと法律に基づいたものなのです。それは、令和5年10月1日に施行された「防衛生産基盤強化法」という法律です。この法律制定の背景の一つが、防衛装備品の安定した調達を実現するというものです。防衛装備品の多くは、大企業が直接納入するものです。しかし、その部品等の生産は、下請けの中小企業が行っており、それらの企業が廃業してしまうと防衛装備品の調達ができなくなってしまう事態も考えられ、我が国の安全保障が維持できなくなる可能性があるということです。そこで、様々な施策のひとつとして、事業承継支援があり、事業承継計画の策定支援、資金援助、税制優遇措置等があります。つまり防衛装備品のサプライチェーンの維持・強化を図ろうとするものなのです。我が国の中小企業の実態が思わぬところに影響を及ぼしているのですね。

（防衛装備庁HPより　https://www.mod.go.jp/atla/hourei_dpb.html）

第 1 章

中小企業経営者に

経営コンサルタントが伝えたい基本事項

第1章-1
中小企業にとっての事業承継とは

Q 1-1　中小 M&A の重要性

> なぜ中小 M&A が重要なのですか？

Answer

中小 M&A が重要視される背景には、多くの中小企業が後継者不在のため、事業承継が難しい状況に直面しているという事実があります。

一昔前の家督相続の時代には、子が家業を引き継ぐのは当たり前でしたし、法制度もそれを前提として整備されていました。しかし、経済発展を遂げる中で、価値観や法律等、企業を取り巻く環境は大きく変わりました。さらに、経済の成熟化にともなって、競争も激しくなっています。中小 M&A は経営資源やノウハウの移転により売り手側・買い手側双方にとってメリットがあり、企業の持続的成長を支える有効な手段として注目されています。

【解説】

最初に、中小 M&A の重要性についてお話させていただきます。2023 年の中小企業白書によれば 年間約 5 万社が休業または廃業を選択しています。また、休廃業・解散起業の約 6 割が黒字という調査結果もあります。ここから、ざっくり計算（フェルミ推計）すれば、毎年約 3 万社、率にして約 1 ％弱の黒字の中小企業が業務継続を断念していると考えることもできます。（標本サンプルや母集団が異なるので、統計数値としては誤差があります）

中小企業は約 360 万社あり、日本経済の付加価値の約半分を占めています。日本の経済は成熟化しており、政府は 2 ％の成長を目標に掲げてベンチャー支

休廃業・解散件数の推移

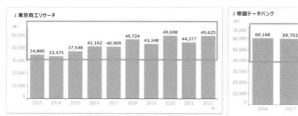
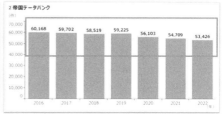

年間約5万社が休廃業・解散を選択

出典：2023年中小企業白書

休廃業・解散企業の損益別構成比

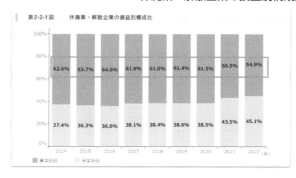

休廃業・解散企業の60％弱が
黒字企業
↓
約3万社が黒字で事業を断念
（フェルミ推計）

出典：中小企業白書2024

援に力をいれていますが、事業をゼロから立ち上げるには時間もお金もかかります。経営環境がめまぐるしく変化し、競争も激化する一方の経営環境下、既存の事業を核として継続しつつ、変化に適応させて進化を続ける方が、合理的だと考える経営者も増えています。中小M&Aによる事業承継は、日本経済復活に向けての有効な解決策の1つという考え方が浸透し始めています。

また、主要な経営指標である「売上高」「経常利益」「労働生産性」、いずれの指標でもM&A実施企業が、実施しない企業を上回るというデータもあります。M&Aを通じて組織の再編を行うことで重複による無駄を省き効率を向上させる効果があると考えられています。

16　第1章　中小企業経営者に経営コンサルタントが伝えたい基本事項

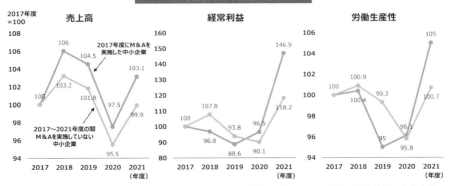

出典：事業承継・M&Aに関する現状分析　中小企業庁

Q1-2　中小企業の事業承継の実態

中小企業の事業承継の実態はどうなっていますか？

Answer

中小企業の事業承継は上手くいっているとは言いがたい状況が続いています。引き続き多くの経営者が高齢化、後継者不在の問題に直面し、多くの企業が廃業や縮小を余儀なくされ、地域経済や雇用に大きな影響を及ぼしています。

中小M&Aを始め、税制の優遇処置など各種施策を通じて進展はしているものの、依然として根本的な解決には至っていない状況です。

【解説】

1．経営者の高齢化

経営者企業経営者の高齢化は、企業規模にかかわらず進んでいます。何歳から始めるべきか、誰に引き継ぐかが引き続き大きな課題となっています。

「こんな弱小企業、誰も引き継がないよ」とお考えになる経営者も多いですが家族や従業員の生計を支えられるほどにお取引先からの支持を得て今日まで

経営者の高齢化

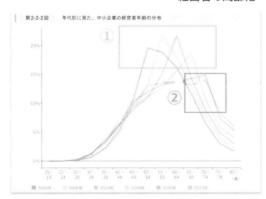

経営者年代別　後継者選定状況

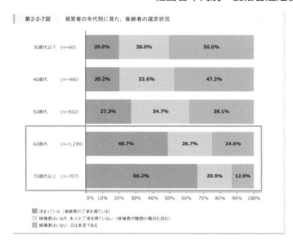

検討している企業の経営者でも
後継者の選定が進んでいない
企業が一定数存在

会社状況の見える化と磨き上げ（概念図）

※筆者セミナー資料より抜粋

続けてこられた事も事実です。まずは、そこに価値を見いだしましょう。

　どのような選択をするにせよ、M&Aで第三者が買いたくなる、親族や従業員が引き継ぎたくなるように、自らの事業の「磨き上げ」と「見える化」を実施して優れた価値をわかりやすく伝えられる状況にしておくことが重要です。

2. 経営者の就任経緯の割合の推移

　親族内承継・従業員承継（内部昇格）・第三者承継（M&A）の割合の推移を見るために、経営者の就任経緯を調べた調査結果を紹介します。中小企業庁の検討資料によると親族内承継が減少しているのに対して、内部昇格やM&Aによる就任は増加傾向にあります。

　また、事業承継・引継ぎ支援センターの支援完了件数においても近年では、第三者承継が親族内承継を上回る結果となっています。

20　第1章　中小企業経営者に経営コンサルタントが伝えたい基本事項

経営者の就任経緯の割合の推移

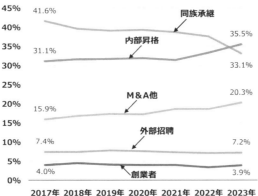

出典：事業承継・M&Aに関する現状分析　中小企業庁

事業承継・引継ぎセンターの支援完了件数

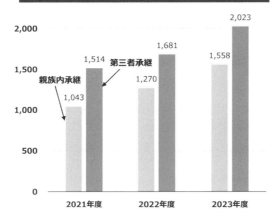

出典：事業承継・M&Aに関する現状分析　中小企業庁

第 1 章-1 中小企業にとっての事業承継とは　*21*

$\mathbf{Q}$ 1-3　事業承継の年齢

> 事業承継とは何歳から考えるべきなのでしょうか？

Answer

　事業承継に関して、何歳からという明確な基準はありません。経営者や事業のおかれている外部環境、会社の内部環境、それから何をおいてもまず経営者ご本人のお気持ちによって変わってくるものと言えます。

【解説】

　ただそうは言うものの、この本を手に取られた方にとってこの大きなテーマに取り組む足掛かりとして次のような考えを提示し、考え方の整理の一助になればと思います。

1．承継問題は常に在るべし

　大企業のように株主総会や取締役会によって選任された新社長の最初の仕事は次の社長を誰にするかを考えはじめること、という話があります。これは単なるテーブルジョークではなく、事業承継の正鵠を射た話と思います。つまり、事業承継というテーマは、どんな企業や事業であっても、時間の切れ間なく、常に経営課題として存在していることを物語っています。

2．10年プランで考えてみる

　事業承継に取り組み始めて何年間ぐらいで終わるのかは一概には言えませんが、足下で特段の急ぐ事情がない状況で、またこれから本腰をいれて承継問題を考え始める上での目安にという場合なら、まずは10年間のスパンで考えてみることをお勧めします。

　この10年という時間軸のとらえ方も様々で、この期間が絶対正解という訳ではありませんが、一口に後継者に経営を託するまでには4～5年の準備期間

22 第1章 中小企業経営者に経営コンサルタントが伝えたい基本事項

は必要でしょうし、見守りの時間も考慮にいれておくべきでしょう。現実的に、社長の肩書を移譲して、すぐに手放しにできるとは限らず、縁の下の力持ちとして経営をサポートしたり、M&Aを活用した場合であれば、あらたなパートナー会社との統合を進めたり、得意先とのリレーションの継続など、相応の時間も考慮にいれておくべきです。

　また、実施途上で承継プランやM&A案件を見直したり、やり直しも想定しておくべきであり、その意味でも10年程度の時間軸で構想を練ることが善策でしょう。

3. 60代からでは遅すぎる？

　一般論として60代になれば事業承継を考えるべしという意見が多く見受けられます。60代からでは遅すぎて手遅れと言った烙印を押す必要はありませ

後継者不在の推移

出典：中小企業庁事業承継・M&Aに関する現状分析と今後の取り組みの方向性について

んが、実際に後継者不在問題が経営者の世代間でどのように推移しているのか
データで見てみましょう。中小企業庁が令和6年6月に公表した「事業承継・
M&Aに関する現状分析と今後の取り組みの方向性について」によりますと、
2023年において、80代の経営者の中では23%の経営者が後継者不在となって
います。4～5人に1人ぐらいは後継者不在でも仕方ないでしょう、

　と言うのは早計で、問題は、その約10年前、2014年時点での70代の経営
者のうち後継者不在が約43%だったことです。この10年で事業承継問題の重
要性が高まり、官民あげた取り組みが加速されてはいますが、10年の歳月を
かけても後継者不在問題が片付くのは半分程度ということです。また、これを
60代の視点でみますと、2014年時点で60代の後継者不在率は53～54%で、
10年後2023年の70代不在率が30%となっており、60代から70代への世代
では10年間で20%強の不在率の改善となっています。母数が同じではないの
で厳密な数値比較ではないのですが、同じ10年間での問題解決の趨勢は60歳
から70歳のほうが、70歳から80歳より多いことはうかがえます。

　つまり、後継者問題は10年かければほぼ解決するといったものではないこ
とと、年代が高まるにつれ解消の難しさが増すことはデータからも伺えること
です。

Q 1-4 何から手を付けたらいいか

> 中小企業を経営しており、自分の引退後の会社の将来について考えなければならないと思ってはいるのですが、何から手を付けたら良いかわかりません。

Answer

どのような承継方法でも早めの準備が大切であるということを意識したうえで、「見える化」から始めてみてはいかがでしょうか。

【解説】

まず知っておいていただきたいのは、どのような方法を選ぶにせよ、事業承継は相当の時間を要すると見ておいた方がよいということです。というのも、事業承継の性質上、後継者選定や税制対応、株式の移譲手続きなど、様々なことを十分に考えて実行する必要があり、思い立ったからといってすぐに着手できるものでも、短期間で終わらせられるものでもないからです。例えば、後継者を選定して事業を承継するという方法を選択した場合、後継者の承諾を得る

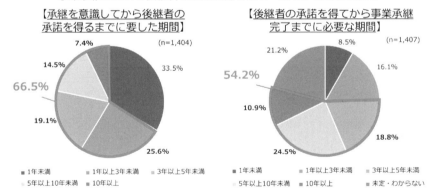

出典:「事業承継に関する実態アンケート」調査結果(日本商工会議所　2023年)

のに1年以上を要するという企業が約7割、その後事業承継完了までには3年以上要するという企業が5割超となっています。

次に、「何から手を付けたら良いかわからない」という悩みは多くの経営者の方が抱えていますが、最初にすべきことは、「会社の状況を見える化する」ことだと思われます。例として、会社が所有する資産について、現金、預貯金、建物、土地、機械設備など目に見える資産は比較的明快に把握することができます。しかし、一方で人材、技術力、ブランド力など目に見えない・見えにくい資産もあるため、一度洗い出して考えてみることが必要です。

また別の例としては、経営状況や経営課題について、現在認識していること以外にも、将来的に起こり得るリスクや自社を取り巻く環境の変化なども想定しておくことが、代表者が代わった後も企業が存続・発展していく上で重要と言えるでしょう。中小企業庁の「経営者のための事業承継マニュアル」では、「事業」「資産」「財務」の3つを見える化すべきポイントして挙げています。

「見える化」を行う際に、経営者は「自分の会社だから当然よく知っている」気になりがちですが、実際には思い込みがあったり、見通しが甘かったりということも少なくありません。そのため、経営者が単独で主観的に見える化の作業を行うのではなく、必要に応じたツール等の活用や、従業員や外部の専門家などにも意見を聴くなど、客観的な視点で見える化を行うことが望ましいと言えます。そして様々な観点で情報を整理しよく分析してから、自社にとって最良の承継方法は何かを決定するという次のステップに進むことができます。以下に見える化のためのツールの例を紹介します

見える化すべきポイントとそのメリット

事業の見える化のメリット	資産の見える化のメリット	財務の見える化のメリット
事業の将来性の分析や会社の経営体質の確認を行い、会社の強み・弱みを再認識。これにより取り組むべき課題を洗い出す。	経営者の個人資産について会社との貸借関係などを確認する。後継者に残せる経営資源を明確にできれば、後継者の不安も解消される。	適切な会計処理を通じて、客観的な財務状況を明らかにする。これにより銀行や取引先からの信用度も上がり、資金調達・取引の円滑化にもつながる。

出典：経営者のための事業承継マニュアル（中小企業庁）

〈見える化のためのツール①〉

　現在は業務可視化のための専用ツールなども販売されていますが、最初の段階ではなるべく費用をかけずに自社の状況を把握したいところです。1つの案としては、経済産業省が作成・公開しているローカルベンチマークを使うことが挙げられます。ローカルベンチマーク（通称ロカベン）は企業の健康診断ツールとも言われ、大きく企業の過去の姿を映す「財務情報」と企業の現在の姿を映し将来の可能性を評価する「非財務情報」のパートに分かれます。「非財務情報」における「業務フロー」や「商流」などの項目を明らかにしたうえで、それが結果として財務にどのように反映されているかが分かるようになっており、多くの気づきが得られる、正に見える化のためのツールとも言えます。使い方に関しても、経済産業省や中小企業庁のHP等で解説がなされており、比較的取り組みやすいと言えるでしょう。

ローカルベンチマークの使い方

2　まずはロカベンを準備しましょう！

(1) ローカルベンチマークシートのダウンロード

以下のURLにアクセスし、「ローカルベンチマークシート」から、最新年度版のExcelシートをダウンロードしてください。

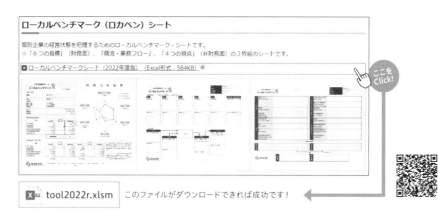

出典：ローカルベンチマーク・ガイドブック（企業編）（経済産業省）

〈見える化のためのツール②〉

　他社がどのように見える化を実施しているかについて、中小企業の事例集などからヒントを得ることも良いと思われます。1つのポイントとしては、デジタル化やDX推進などを行っている企業の取組が参考になるかもしれません。なぜかと言えば、既存の仕事をデジタル化するということは、そのワークフローについて細部まで分析する必要があり、十分な見える化ができていることが前提となるからです。こちらも、中小企業白書を始めとして、関連省庁のHP等で様々な事例を確認することができますので、業界や業種など自社に近い企業の事例を探してみてはいかがでしょうか。

28 第1章 中小企業経営者に経営コンサルタントが伝えたい基本事項

Q1-5 事業承継の成功とは

> 事業承継とよく聞きますが、事業承継はどうなれば上手くいった
> と言えるのでしょうか。

Answer

後継者に「この会社を継ぎたい」と言われたら事業承継は成功と言えます。そのための準備を経営者は行ってください。

【解説】

まずは、事業承継が上手くいかなかった場合、つまり「失敗した」場合から考えてみましょう。事業承継の失敗とは会社が続かないことです。そもそも事業承継とは、経営者がAさんからBさんへバトンタッチする際に経営者の役割や業務内容を引き継ぐことです。会社がいつまでも続くことを目指した企業活動の1つです。ですから、次世代に経営のバトンが渡らない場合は事業承継が失敗したと言えます。受け渡すべき会社がなくなったり、または、引き継いだ後に会社がなくなったりすれば、事業承継は失敗であり、それは経営者の責任です。

中小企業の最終決定権はオーナー社長にあるので、事業承継を「する」も「しない」も、すべてオーナー社長が決めることです。事業承継して会社の継続を考えるのであれば、M&Aでも親族が引き継ぐ場合でも、後継者が会社を引き継いで経営できるように経営者が準備することが必須です。つまり、経営者が社内環境を準備することです。

ただ、社長の仕事は多岐に及び、その仕事内容においても、会社ごとに違いがあります。経営者自身がどんな仕事をしているか、「具体的な行動」と「それに至った考え方」などを整理しておかなければなりません。

一般的に事業承継する会社は業歴が長く、良い会社です。長く続いている会社には「その会社なりのビジネスモデルがあり、人材の確保と育成ができてお

り、財務体質が健全である」など「ヒト・モノ・カネ」の経営資源があります。もちろん、中小企業ですから課題をあるものの、会社が続いているということは、顧客が満足しており、それを生み出す会社の強みが必ずあります。後継者がそれらの強みを認識して、引き継いでいくことが事業承継では大切です。

　もう1つ、事業承継が上手くいくことの視点として、地域経済における存在意義です。主に、地域経済の一翼であり、雇用の受け皿として大切な存在です。事業承継をする中小企業はその地域で長く経営しており、地域社会にとって欠かせない存在となっています。顧客から長く信頼を得ていることからも分かります。その会社の顧客が法人であれば、最終製品が完成するまでの社会的なサプライチェーンの中に存在します。その会社が製造している製品や提供している技術がなくなれば、最終的な製品は完成しません。いわゆる、取引先に迷惑をかける状態になります。

　また、雇用の受け皿については、ご理解いただいていると思います。皆さんの企業が良い会社として、長きにわたり地域の雇用の受け皿となり、その存在自体がかけがえのないものになっています。よって、経営者はその会社の存在そのものを、次世代に確実に受け渡すことができれば事業承継は上手くいったと言えます。

　このように社内外から見て重要な存在であることを後継者に伝え、経営を引き継ぐ事の意義を伝えなければなりません。もちろん、後述するように自社の経営について、経営理念や将来ビジョンなど今後の経営方針を定めることも忘れてはなりません。このようなことを準備することで、未来が明確になってくれば、後継者から会社を継ぎたいという状況に近づきます。こうなれば、事業承継が「上手くいった」と言えます。

$\mathbf{Q}$1-6　廃業の方が楽ではないか？

> 苦労して事業を引き継いでもらうより、事業を穏便にたたむ方が楽ではないですか？

Answer

　地域、社員、そして何より次世代のためにも、特段の事情がなければ積極的に事業の承継を検討していきましょう。

【解説】

　現在の事業が黒字を維持しているとか、負債を弁済するに足る資産が十分にある場合は、穏便に事業を終息させることも選択肢としてあり得ます。一方で近年は地域の経済力の向上や雇用維持、また創業・起業を促す社会情勢などに目をやると、事業価値のある事業が廃業されることによる社会的なロスも否めません。2023年では廃業・解散した約49千社のうち52.4％に当たる26千社が黒字廃業したと試算されます。また、中小企業庁によりますと、今のまま事業承継問題を放置しておくと、中小企業や零細企業の廃業の急増により2025年までには累計で約650万人の雇用が失われ、約22兆円の国内総生産（GDP）が失われると警鐘をならしています。

　この650万人の雇用というのは、自動車製造産業の就業人口が約554万人であることから、自動車製造に関わる人々の仕事がすっぽりなくなること以上の大きな話です。また経済損失に目をむけると、22兆円のGDPというのは、2022年のGDP（名目）約596兆円の3.7％に相当し、これは、全国の小売業のGDP約35兆円の6割を占めるものです。つまり、全国の小売商店やデパートなどの店の6割がなくなっているのと同じぐらいのインパクトがある話なのです。また都道府県で考えると、概ね千葉県あるいは兵庫県の1県分の県内総生産額に匹敵します。ということは、私たちが中小企業の事業承継に手を打たなければ、知らず知らずの間に千葉県や兵庫県を失っているということなので

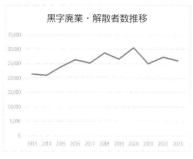

出典：東京商工リサーチ資料から作成

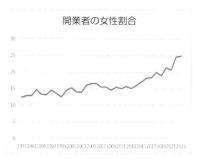

出典：日本政策金融公庫資料から作成

す。

　次に引き継ぎ手の候補を見てみると、同業者や斯業経験者が引き継ぎ手となることはもちろん想定されることですが、昨今は若手、女性、シニア、脱サラと様々な属性の方々が創業・起業に挑戦していることも念頭におきたいと思います。ゼロからのスタートに際し、すでに一定の資産や事業価値を引き継げる事業承継は創業・起業を志向する人にとっては大変貴重なチャンスとなります。2023年日本政策金融公庫の調査によると、開業者の平均年齢は43.7歳で40代以下が約7割強を占め、また、開業者に占める女性の割合が24.8％と1991年の調査開始以来最も高くなっていることが報告されています。このように若手や女性といった日本の経済活動の担い手が増えている潮流を是非事業承継に活かして行きたいと思います。

　いかんせん、黒字事業がお蔵入りすることは大変もったいないことなのです。穏便に事業の幕を引かれるか、継承させていくのか、経営者のお考えによるものではありますが、私の家業ぐらい閉じたところで・・と言う前に、次世代の未来のためにも、事業承継をご一考いただきたいと思います。

■コラム■ 「惜しまれながら廃業のないまちへ」

　経済産業省東北産業局では「惜しまれながら廃業のないまちへ」の
キャッチフレーズのもと自治体職員による積極的な事業承継問題へ取り組
みを支援、啓蒙されています。

　後継者不在による温泉旅館の閉館や長年培われてきた伝統産業の技術継
承問題は、単に地域の問題だけでなく、日本の価値を守ることにつながる
問題といえます。目下、全国で多数の自治体がこのような地域に根差した
事業承継問題に取り組んでおられるなか、さらにもう一歩踏み込んだ支援
をということで、実証事業の結果やハンドブック、ヒント集などが Web
サイトで展開されています。

　これらの資料は主として自治体職員様や支援スタッフの方々向けへのも
のとなっていますが、事業承継の入り口に立たれている事業者様にとって
も、世の中の情勢や、自治体など公的な組織がいかに事業承継支援を推進
されているか、事業承継問題を客観的に俯瞰できる有用な資料と思いま
す。「惜しまれながら廃業」が少しでも回避されるように「知恵」と「パ
ワー」が結集されることを願います。

出典：https://www.tohoku.meti.go.jp/s_cyusyo/restart/succession_project.
　　　html

Q 1-7 後継者を育成するためのアドバイス

後継者を育成しようと思いますが、まずは現場を経験させており、製造現場で5年ほど働いております。技術者として一人前になり周囲から一目置かれてから、役職につけて経営幹部として育てようと思います。何かアドバイスはありますでしょうか。

Answer

後継者が入社してから後継社長になるまでの、詳細な育成計画が必要です。現場を学びつつも、その後で経営者として「ヒト・モノ・カネ」を管理する知識や経営者として考え方や判断力を磨くような育成計画を経営者が立案しましょう。

【解説】

後継者育成を考えて実行されていることは、良いことと言えます。重要なことは「将来の経営者」として必要な能力を育成するための計画です。後継者育成は重要な課題ですが、その教育方法についてあまり知られておりません。

一般的な育成スケジュールは、現場→経理→中間管理職→経営幹部です。つまり、現場での技術だけでなく、経理やリーダーシップ・経営判断力など総合的に育成してください。なぜなら、経営者になれば会社の「ヒト・モノ・カネ」を全て動かさなければならないためです。

後継者の入社年齢にもよりますが、現場を担当する期間を適切にしてください。では、現場を離れるタイミングはどうでしょうか。質問者の方のように「一人前」になってからや「優秀」になってから、と考える経営者が多いのですが、それでは時間がかかり過ぎます。後継者が現場で平均的な技術があれば十分です。その理由は後継者が後継社長になったときに、現場責任者と話が通じれば十分であるためです。現場責任者と話すなかで、現場の状況が的確に分かればいいのです。経営者として、俯瞰した視点で、会社全体がより良くなる

ことができるようになります。

　もし、技術者として一流を目指してしまうと、現場から離れられなくなります。それでは、「経営者」に必要な経験を積む時間が減ってしまい、経営者としての能力が高まりません。後継者が会社を引き継いで後継社長になれば、社員が求めることは、事業の方向性を定め、安定した経営し、従業員の給与を確実に支払う事です。技術者として一流でもこれができなければ経営者失格です。

　育成段階において、経理など資金的なことを学ぶ必要があります。経営者になった場合、資金繰りや財務の責任を負います。多くの経営者が数字を苦手としていますが、後継者は数字に強くなければなりません。これは業歴が長くある程度組織が出来上がっている会社を引き継ぐ場合、先代同様に資金繰りや財務ができることは当然であるためです。社長になってから覚えるのでは遅すぎます。資金繰りや財務の知識は後継者時代に学べる知識です。社長になる為の準備の勉強をすべきです。

　そこから中間管理職を経験します。製造でも営業でも構いませんが、自社において価値を生み出す源泉の部署であることが望ましいです。そこで自社の強みを体感するとともに、既に身につけた資金や財務の視点で会社を見直すことができます。そうすることで、これまでと違う価値を後継者が見出すことができれば、会社の新たなるチャンスを生み出します。

　さらに、部下に指示を出して組織で成果を出す経験は後継者時代に必須です。タイプの違う人材の能力を発揮させて目標を達成することは経営者に絶対必要な能力です。これを基本的なリーダーシップのやり方を学んだのちに、経験しながら、力を蓄えるしかありません。最初は失敗を繰り返しますが、徐々に自分なりのリーダーシップを身につけていきます。この過程に最も時間を要します。

　このように、経営者がやるべき事を後継者時代に経験させ、小さな失敗を体験することで、より強い後継社長を目指しましょう。それこそ、後継者教育であり、経営者がやるべき後継者の育成方法です。

第 1 章-1　中小企業にとっての事業承継とは　*35*

Q 1-8　現経営者の引退後の役割

　　事業承継を検討していますが、社長を退いた後に仕事がなくなることを考えると、なかなか行動に移せません。他の経営者はどのようにしているのでしょうか

Answer

　社長を退いた後には会長という仕事があります。新人社長をサポートして経営力を伸ばすための「会長」として役割を担ってください。

【解説】

　「企業の継続的な発展には、後継者の育成が不可欠である」松下幸之助（パナソニックの創業者）

　「経営において後継者育成が重要であり、偉大なリーダーは、優れた後継者を残す」ピーター・ドラッカー（Peter Drucker）

　経営者はいつの日か引退し、その時に備えて後継者を育てておくことが大切です。事業承継と聞くと、社長交代後の翌日から仕事がゼロになる思われですが、そのようなことは稀です。いわゆる「会長」になれば、会長の仕事があります。

　主に「後継社長の経営サポート・アドバイス」「社内に安心を与える精神的な役割」「企業文化と歴史・価値観の伝承」「社外との関係強化」などです。

　これらの役割をどのように実行するかを事業承継前に後継者としっかり決めて、タイムスケジュールも含めた事業承継計画を立てておくことが重要です。それを文章にして計画書として残すことで、社内にも「会長」の役割を認知され、行動しやすくなります。

　当たり前ですが、後継社長に代わった直後は新米経営者ゆえの小さな失敗が起こります。ベテラン経営者から見ると必然の失敗であることは明確であるた

め、ついつい口を出してしまいたくなるでしょう。しかし、先回りしてアドバイスをするのではなく、見守ることじっと耐えることが求められます。なぜなら、事業承継で先代と後継社長がもめている場合もしばしばあり、多く場合はこのように社長を譲ったにもかかわらず、後継社長の判断に口を挟んでしまうことが原因です。それが繰り返すことで社長と会長の関係が悪くなり、会社を二分するような争いに発展することもあり、会社経営としてはマイナスしかありません。先代としては、自らの経験からの「会社のためを思って」のアドバイスであることは間違いありませんが、後継者がそれを受け入れるには知識と経験が足りません。そのアドバイスの意味を理解するために、後継社長が失敗するという経験を要します。その失敗の経験を乗り越えて、「次は失敗しないよう」に、注意深くなり、創意工夫をすることで、後継社長の経営力が高まります。

　社長は後継社長に経営責任を譲ったのちには「会長」として、一定の責任を持ちながらも、後継社長を助ける役割が求められます。その際に、自らが「社長」としての振る舞いではなく、経営から一歩引いた「会長」としての振る舞いを目指しましょう。先代経営者自身も会長という役職での役割を学び、後継社長を成長させるために、何ができるかを考え実行することです。これが、上手くいけば、何代にも分かって事業承継が成功する「100年企業」「長寿企業」になれます。事業承継で渡す側の行動がこれからの企業の長期の繁栄を決めると認識していただき、会長職を務めていただきたく存じます。

　このように、事業承継後の経営者は仕事がなくなるということはありません。事業承継の準備をして、社長交代後のご自身の役割を明確に決めておくことが大切です。これは、確かに面倒で手間のかかることです。しかし、これを怠った企業は必ず事業承継後に問題が噴出し、経営に大きなダメージを与えます。結果的に、現社長の仕事や居場所がなくなるなど、会社との関わりを失うこともあります。これは、長年経営して経営者にとって、耐えがたいことでしょう。将来のご自身のために、会長としての役割をご自身で決めることが極めて重要です。

第 1 章-2

今、必要な
中小 M&A とは

Q 1-9　事業承継・中小 M&A・スモール M&A の違い

> 事業承継・中小 M&A・スモール M&A の違いを教えてください。

Answer

　事業承継という枠組みの中に、企業を第三者に売却して事業を引き継ぐ中小 M&A という方法があり、その中でより規模の小さな案件をスモール M&A と呼びます。

【解説】

　事業承継や M&A に関する用語は複雑なものが多く、定義についても混同しやすいです。まず、事業承継は、企業や事業を次の世代に引き継ぐプロセスを指します。通常、家族や従業員が後継者となることが多いです。

　一方 M&A は Mergers（合併）&Acquisition（買収）を略した言葉で、本来企業同士の合併や買収などの行為を指しますが、その中に、企業を第三者（外部の個人や他企業）に売却して事業を引き継ぐ方法があり、中小 M&A と呼びます（この方法を用いる企業の多くは後継者不在の中小企業であるため、中小 M&A という呼び方が一般的ですが、M&A 全般と区分するため事業承継型 M&A と呼ぶこともあります）。また、このうち、より規模の小さな案件を特に「スモール M&A」と区別することもあります。事業承継という広い枠組みの中では、事業承継型 M&A、スモール M&A はその一部であるという見方をすることもできます。

中小M&A・スモールM&Aは事業承継の一部

出典：筆者作成資料

それぞれの実施の状況について見ていくと、まず近年は、事業承継のうちの親族内承継の割合が減少し、一方で従業員承継と社外への引き継ぎ（中小M&A）の割合が増加している傾向にあります。これは、狭い範囲の中で相応しい人物を見つけることが困難になっているという状況や、望ましい人物や企

事業承継方法の割合の変化

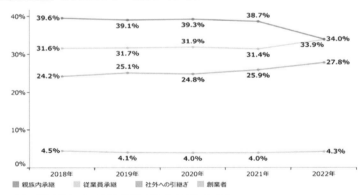

出典：2023年度中小企業白書（中小企業庁）

業に引き継げるのであれば、必ずしも親族に拘る必要もない、という考え方の変化も反映されていると思われます。

　個別の件数に関しては正確な数字を把握することは難しいですが、一例として、事業承継・引継支援センターへの相談者数と成約件数を参考にすることができます。ここでの相談者は事業承継全般についての相談者であると見なした場合、直近では、広く事業承継については年間約24,000件の相談があり、そのうち成約となった第三者承継（中小M&A）の案件は年間約2,000件という水準であることが分かります。

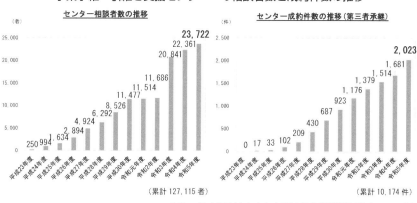

出典：独立行政法人中小企業基盤整備機構資料（2024年）

　最後に、経営者側の立場でのそれぞれの事業承継方法のメリット・デメリットについて表に簡単にまとめます。通常の事業承継（親族内・従業員承継）は言わば勝手知ったる身内への引き継ぎであり、既存の組織文化等を大きく変えることなく、早い段階から準備可能であるという点で魅力的な方法と言えるでしょう。

　一方で中小M&Aのメリットを一部補足すると、特に業績不振の企業にとっては、最適な人物や企業に売却することができれば、経営方針や経営戦略の見直しにより、事業の安定化に繋がる契機ともなり得ることは重要なポイントです。また、親族内・従業員への承継が不可能で廃業も視野に入れなければなら

ないケースも現実には多いと思われますが、そのような場合に従業員の雇用だけは何としても守りたいという経営者の想いに応えてくれる、最後の手段であるとも言えます。

経営者側の立場における事業承継方法のメリット・デメリットの比較

	事業承継		中小 M&A
	親族内承継	従業員承継	
メリット	・早期の準備や後継者の育成が可能 ・社内の協力や理解を得られやすい ・相続や贈与等の制度を活用できる	・親族内承継よりも幅広く後継者を選べる （事業や社内事情に精通している人間等） ・経営理念や組織文化などを引き継ぎやすい	・経営におけるリスク軽減の機会 ・従業員の雇用維持の手段 ・経営者個人保証の解消
デメリット	・親族内に適任者がいない可能性 （無理に引き継いだ際の経営不振等のリスク）	・個人保証の引き継ぎにおける問題 ・株式譲渡の問題 （資金面・親族との対立等）	・相応しい買い手を見つけるために時間と労力を要する ・経営理念や組織文化などの引き継ぎが困難

出典：筆者作成資料

第 1 章-2　今、必要な中小 M&A とは　*41*

Q 1-10　会社を継ぐかどうか分からない後継者

後継者に息子がいるのですが、現在サラリーマンをしており、会社を継ぐかどうか分かりません。最近、M&A の広告もよく見るので、会社売却について悩んでいます。

Answer
まずは M&A について充分に情報を得てから、検討しましょう。M&A はあくまで事業承継のひとつの手段にすぎません。

【解説】

1．売却金額や条件をじっくり検討する
会社売却を検討することは、経営者として大いに悩むことでしょう。

まずは会社を売却するということはどういうことかを知ることはとても大切です。M&A は事業承継の一つの選択肢であり、売却先の企業の選択方法や売却金額の決め方、そして、M&A に向けての具体的な進め方とタイムスケジュール、M&A 後の会社のビジョンや会社の状況を総合的に検討すること等の情報を集めてください。

まずは、自社の企業価値や売却金額を確認します。検討したから必ず売却するわけではありません。よくある話として売却金額がオーナーの希望する金額と大きく下回る場合は M&A をやめましょう。決して売却を急いではなりません。もし、売却を急がせるような専門家や M&A 企業があれば、あなたのためにならないので、変更したほうが賢明でしょう。

経営者の心理として、長年会社経営を頑張ってきており、売却金額が自社への評価という側面を考えると、少しでも高い金額を希望するでしょう。自らの引退後の必要な生活資金と考えると、売却金額にこだわって当然です。

ただし、何事にも世間の相場があります。あなたが希望している金額が相場から大きくかけ離れているかもしれません。ですから、M&A の金額は何社も

見積もりをさせることで、売却金額の幅が見えてきます。それを確認するためにも、時間をかけて複数社と相談することは有効です。

　まずは M&A について必要な情報を集めてください。急いで売ろうとすれば、どうしても安く査定されます。比較する情報としては売却金額だけでなく、その他の条件で納得できる企業を探します。M&A は会社継続のための手段ですので、M&A 後の会社ビジョンやどのような成長戦略・社員の待遇など、売却時の優先順位を決めておきます。売り手企業の要望がすべて通るわけですが、「これだけは譲れない」条件や優先する事を決めておくことで、正しい相手に売却することができます。そうすることで、あなたの納得度が大きく高まります。M&A 後に「こんなはずではなかった」と後悔することは少なくなるでしょう。

2．家族への理解を得る

　社外にいる後継者候補（息子や娘など）にも、M&A を検討する前に「M&A を検討しようと思う」と意思確認をしてください。社外にいる後継者候補は会社についてほとんど知りません。後継者候補が「会社を継ぐ」ことを考えている可能性もあるので、M&A を他社に話す前に後継者に確認しましょう。

　その場合、単に「M&A をする」ことだけを伝えるのではなく、後継者候補に M&A をしたあとの会社の状況やご自身が今後の人生プランや生活についても伝えましょう。後継者候補が詳細な情報をさらに求める場合は、社長として仕事内容や待遇、基本的な仕事スケジュールや仕事のやりがいなど、詳しく話してください。

　ただし、これを当事者だけで話すと、話す内容に偏りや漏れが生じることも多いので、専門家を交えることが効果的です。そうすることで、想定外の事態やリスク管理ができるようになります。事業承継が上手くいっている経営者は事業承継の専門家を交えて話し合っています。

第1章-2 今、必要な中小M&Aとは　　43

Q 1-11　業績の悪い会社の売却

　後継者がいないので会社を誰かに譲りたいのですが、業績が悪いので心配しています。業績が悪くても、会社を売ることはできますか？

Answer

　はい、たとえ業績が悪く利益が出ていなくても、会社を売ることはできます。あなたの会社の中には買い手から見たときに役に立つ、光る経営資源があるからです。しかし売却価格は業績によって左右されるので、希望の価格で売ることは難しいかもしれません。

【解説】

1. 光る「何か」が必ずある

　売上が減っていたり利益が出ていなかったり、業績がよくない会社であっても売却することは可能です。しかし、業績が悪ければそれなりの課題が伴います。買い手が見つかりにくいとか、売却価格が低いとか、そういう問題はあるでしょう。しかし、あなたの会社にも買い手から見たときに魅力的なもの、役に立つものがあるのです。

　一般的にどのような会社でも、他社が持っていない独自の経営資源が存在します。例えば、モノづくりの技術や長年にわたって築いてきた顧客基盤、熟練したスキルを持つ従業員などです。これらはいずれも会社の経営資源です。独自の経営資源は、業績の善し悪しに関係なくその会社に独自の価値をもたらすものとして備わっています。

　一方、買い手から見たときにこうした独自の経営資源はたいへん魅力的に映ります。自社で築こうとしても、技術も顧客基盤もまた熟練した従業員も一朝一夕では築くことができないからです。

　どのような会社でも他社にとって魅力的な経営資源を持つのですが、問題は

その経営資源が他社の役に立つのかどうかが分からないという点です。自社の経営資源を客観的に評価することは、経営者にとって非常に難しいことです。特に中小企業の場合、日常の業務に追われてしまい、自社の強みを冷静に見つめ直すという機会は稀なのではないでしょうか。

このとき大切なのは買い手の視点で自社の経営資源を見つめ直し、その良さを発見することです。

2. どうすれば経営資源を活かせるか

経営資源の価値は、買い手のニーズによって決まります。買い手が何を求めているのかを理解し、それに応じた情報提供や提案を行うことが重要です。例えば、新しい市場に進出するための顧客基盤を求めている買い手に対しては、貴社の顧客リストや市場シェアが価値を持ちます。技術革新を目指す企業に対しては、特許や技術ノウハウが魅力的です。買い手のニーズを深く理解し、それに対して適切な準備をすることで、売却の成功率を高めることができます。

また、売却を成功させるためには、経営資源を客観的に評価し、その価値を正確に把握することが不可欠です。専門のコンサルタントやM&Aアドバイザーの協力を得て、経営資源の評価を行うと良いでしょう。彼らの専門知識と客観的な視点を借りることで、より正確な評価が可能になります。自社だけで評価することはやめて、外部の専門家の意見を取り入れることで、売却の成功率を高めることができます。

3. 経営資源を活かしたいのであれば財務の改善は必須

たとえ光る経営資源があったとしても業績が悪ければ会社を高く売ることは難しくなります。売却価格は営業利益の額や純資産の額などによって左右されます。これらの経営指標が芳しくなければ希望の金額で会社を売ることは容易ではありませんので、そのことは覚悟してください。

それでは会社を希望する価格で売るためには、どうしたらよいでしょうか。それはまず、業績を立て直すことです。コスト削減や効率化を図り、収益性を

向上させることです。また、不要な資産の売却や負債の返済を進めることで、財務健全性を高めることができます。さらに収益性の低い事業を見直し、成長が見込める分野にリソースを集中させましょう。

仮に債務超過の状態にある場合、まずはその解消が必要です。借入金が多ければ金融機関と交渉し、返済条件の見直しや返済期間の延長を図ることで、負債の圧縮を行います。不要な資産を売却し、その資金を負債の返済に充てることで、財務状況を改善することです。これらの対策を講じることで、会社の価値を高め、円滑に事業の売却が実現できます。

$\mathbf{Q}$ 1-12　後継者の経営能力に不安

親族承継したいと考えておりますが意中の者の経営能力に不安があります。

Answer

後継者を決定したとする経営者の方々からでも、実は後継者の経営能力についての不安が挙げられています。後継者は日々の育成により成長していくものですので、不安に立ち止まっているより候補者の成長にむけた取り組みを今日からでも進めましょう。まずは、その「経営能力に不安」とは何なのか、例えば下記の諸点のように次期経営者候補に最低限期期待する素養や経験を俯瞰し、その「不安」の在りどころを探りながら皆さまの事業承継プランに活かして頂ければと思います。

【解説】

1. 現場経験

いわゆる「現場」という場所は業種を問わず存在するものです。その事業の心臓にあたるところの経験は多くの経営者が次の経営者候補のキャリアとして必須の要素として挙げられています。親族承継が念頭にあるならば、若手、中堅、幹部、どこかの局面で現場経験を積ませてあげることが必須の道程と考えます。

2. チームワーク

リーダーシップの重要性が謳われることは常套ですが、親族内承継の場合、リーダーシップは周りの環境がその涵養を育み、むしろ3～5人程度でも良いので、状況に応じて、チームのリーダーとなったり、しんがり役になってみたり、チームとしての仕事の仕方を身につけているかどうか、心と体がそのように動くかどうかが、オーナー経営会社という風土と組織をまかせる人材にとっ

てはより大切な素養と考えます。

3. 経営要諦の3要素

　経営要諦といえば幅が広く一口で言い表せませんが、そのエッセンスとして、事業の方向性を決める戦略、それを実行する組織・人、それが実行できる財務の3要素に整理してみましょう。この3つすべて万全に執行できる人物を求めても、無い物ねだりで現実的ではありません。重要なことは、これらが組織で事業をやっていく上での必須要素であることの観念を持って学び続ける姿勢です。この経営要素を学ぶことについては世に多くの教育・研修期間があり、その一部を下記に提示しておきます。時間が許せば、少し現場を離れても様々な人材と交流し視野を広げるチャンスとして活用されることもお勧めいたします。

　最後に申し上げたいことは、必ず複線で構えることです。たたえ意中の人が

次世代経営者育成に関わる主な教育・研修機関

種別	概要
中小企業大学校	独立行政法人中小企業基盤整備機構が運営する中小企業経営に関わる人材育成の専門機関。全国11か所の施設とオンラインを活用して中小企業の経営者や後継者育成を対象とした多彩な研修メニューを提供している。 参加しやすい受講料や助成金の利用も可能なプログラムもある。
中小企業診断士が提供する研修やセミナー	経営を教える専門家である中小企業診断士から総合的または専門的に経営知識を学べる。全国の中小企業診断士協会や中小企業診断士グループが各種講座やセミナーを開催している。
大学院ビジネススクール	経営に関わる専門的な履修プログラムを提供している。 中小企業経営にとどまらず、国際的な視野での大企業の経営や高度なファイナンス、マーケティング、リーダーシップなどの理論と実践が学べる。
地方自治体の研修制度	各自治体や商工会議所・商工会などが経営者育成にむけた研修プログラムやセミナーを実施している。公的な支援であり、安価な費用で参加でき、各種補助金や助成金の対象となっているプログラムもある。

いるとしても、この人以外の候補者は誰だろうか、親族承継でなかったら自分はどう動くべきか、心の中では必ず複線で思索を進めておくことをお勧めします。事業承継というテーマを単線でとらえるのではなく、第三者承継も並行して検討することが現実的な対応と言えます。

Q 1-13 親から引き継いだ会社が業績悪化、廃業も視野

私は小さな会社の3代目社長です。親から引き継いだ会社ですが、自分には経営の素質がなく業績は悪化し、資金繰りも厳しくなってきました。経営改善しようという気持ちも湧かず、親族や従業員に事業の引き継ぎ手もいないので、廃業をするつもりです。ただ、数人の従業員だけは路頭に迷わせたくないのですが・・どうすればよいでしょうか？

Answer

会社を経営していくのは、大変な苦労が伴うものです。3代目社長として、その重圧を感じていることと思います。現状では、業績と資金繰りの悪化という厳しい状況に立たされているとのことですね。廃業を決断する前に、いくつか検討すべきことがあります。まず、現状の課題が改善された場合に会社を続けたい気持ちがあるのか、自問してみることをお勧めします。その後、以下のチャートに従い方策を検討してください。

【解説】
1．経営課題の改善と事業継続（①）

経営課題の改善により事業継続の意欲が湧くようであれば、現状の経営状態や改善の可能性について専門家や外部機関に相談することをお勧めします。相

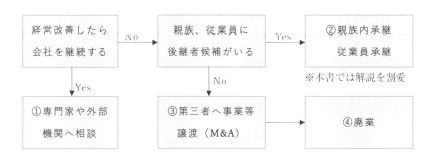

談先としては以下が考えられます。

- 中小企業診断士などの経営コンサルタント
- 取引をしている地方銀行、信用金庫、信用組合などの地域密着型金融機関
- 商工会、商工会議所
- 各自治体の中小企業支援窓口

相談の際は、数回の面談や決算書・法人税申告書などの書類を通じて現状を伝え、事業が苦しくなった原因と解決策を一緒に探ります。経験豊富な外部専門家の客観的な視点により、新たな経営改善策が見つかる可能性があります。

2. 第三者への事業承継（③）

経営課題が改善しても事業継続の意欲が湧かず、かつ後継者候補がいなく親族内や従業員へ事業承継ができない場合は、M&A を検討しましょう。代表的な M&A の手法は以下の通りです。

- **株式譲渡**：社長や親族が保有する株式を第三者に譲渡します。会社のオーナーが変更となります。代表者や取締役も変更するケースが多いです。
- **事業譲渡**：事業とそれに付随する資産（機械設備など目に見える有形資産だけでなく、ノウハウや顧客との関係、従業員など目に見えない無形資産も含む）を、引き受け手となる会社に譲渡します。譲渡する資産はすべて引き継がれるわけではなく、個別に決定します。

資金繰りが厳しかったり債務超過の企業であっても、独自の強みや顧客との良好な関係性が評価され、買い手が見つかる可能性はあります。さらに、中小企業診断士や M&A 専門家などのサポートを受けながら、事業を改善し収益力を高めれば、より多くの企業から関心を集められるでしょう。

3. やむを得ない廃業の場合（④）

M&A が難しく廃業を決断する場合、従業員の再就職先を探したいところです。

まず各従業員の強み（技術、人脈、営業力、管理能力など）や希望する就労

環境を事前に整理します。その後、同業者や同じ地域内で再就職先を探すのが良いでしょう。地域の金融機関や業界団体の会合などを活用すると効果的です。

①から④までいずれの選択肢を取る場合も、早めに行動を起こし専門家のアドバイスを受けながら進めることが重要です。

Q 1-14 零細企業の M&A

中小企業を経営しています。私の会社のような零細な企業でも M&A で事業承継できると聞いたのですが、本当でしょうか？

Answer

はい、会社のサイズに関係なく中小企業であっても零細企業であっても会社を売って事業承継することは可能です。跡継ぎが見つからない場合、今や会社を売ることで後継者を探すことができるようになってきました。

【解説】

1．増える中小企業の M&A

中小企業の経営者が会社を売る事例は、この数年増える傾向にあります。日本全体で会社を買ったり売ったりするいわゆる M&A の案件は年間 4 千件から 5 千件と言われています。M&A には買い手と売り手の双方が関わります。したがって 1 年間で 4 ～ 5 千社が会社を売却する選択をしていることになります。

なお、この M&A には会社全体だけではなく事業の全部または一部を売る事業譲渡も含んでいます。

それでは M&A のうち中小企業の割合はどれくらいあるでしょうか。確実な統計はありませんが、おおむね M&A のうち 3 割が中小企業の売却案件と言われています。ここで中小企業とは年商 3 億円以下の企業というイメージで考えてください。

2．跡継ぎを探すための会社の売却という選択

それではなぜ、中小企業の経営者が事業の売却を選択するケースが増えているのでしょうか。その理由はいくつかあります。

まず、経営者の高齢化が進んでいることです。高齢となってそろそろ引退を

考える年齢に達しきてきたとき、家族だったり従業員だったり会社を引き継ぐ後継者がいないとどうなるでしょうか。この場合は廃業という道しかありません。

しかし、たとえ身内や従業員に跡継ぎがいない場合でも、なんとか自分の会社を存続させたい。そう考える経営者が少なくないのではないでしょうか。こうした跡継ぎがいないケースで、会社を売却することで会社の存続を図るという選択が増えているのです。自分が一から育ててきた会社を跡継ぎがいないからと言って閉じることはしたくない。そう考える中小企業の経営者が多いと考えます。

また、従業員の雇用を維持することを考えて会社を売却するという選択もありえます。経営が厳しく今後の見通しが立ちにくい状況でも、優れた経営者に事業を引き継ぐことで従業員の雇用を守ることができるからです。古い考えの自分が経営を続けるよりも、起業家精神にあふれた若い経営者に会社のかじ取りをゆだねた方が会社の存続が図れる。それゆえ会社を売却するという選択肢を取る経営者も少なくありません。

3. 成長戦略の一環としての会社の売却

中小企業の経営者が会社の売却を考えるとき、もう少し前向きな理由もあります。

1つは創業者利益の獲得です。例えば、自ら会社を起こして成長させてきた経営者が、事業を売却することで得られる資金を引退後の生活費に充てるような場合です。

さらに成長戦略の一環として中小企業の経営者が会社を売却することがあります。事業を多角化したり新しい市場への参入を目指したりするとき、資金が必要となります。こうしたとき会社を売却して資金を調達するわけです。新規事業を立ち上げる資金の獲得を目的とした会社の売却です、

4. 買手にとっても魅力的な中小企業の M&A

　買い手にとっても、中小企業を買収するメリットがあります。

　まず、時間とコストの節約です。市場を拡大したり新規事業を立ち上げたりするときに自前で行うよりも、既存の会社を買収して実現できれば時間とコストを大幅に節約できます。自社で育てると時間のかかる技術やノウハウ、営業努力では得られない顧客リストなどは大変な魅力です。買収した企業との間でシナジー効果を生み出し、企業価値を向上させることでさらにより大きなメリットを得ることができます。

　逆に考えれば、買い手のニーズに合致した何かを持っていれば、中小企業であっても売却の可能性が高まります。中小企業が会社を売却しようとする場合は、買い手にとって魅力ある何かを磨くことが大切です。

第1章-3　経営資源の承継を実現する中小M&A　　*55*

第1章-3
経営資源の承継を実現する
中小 M&A

Q 1-15　M&A による技術や顧客の毀損

> M&A によって私の会社の大切なもの、技術や顧客がダメになる
> ようなことはないのでしょうか？

Answer

　いいえ、M&A は必ずあなたの会社の大切な経営資源を引き継ぎます。むしろ技術や顧客を大切にするために M&A があると言っても過言ではありません。あなたの会社の大切なものが失われることの無いよう M&A で会社を引き継いでください。

【解説】
1. 廃業によって失われる大切なもの

　あなたの会社に後継者がいないとします。これは大きな問題だと感じたことはありませんか？

　もし後継者がいないままでいると、あなたの会社は廃業に追い込まれることになります。そうなると、いまこの時に会社の経営を支えている従業員、顧客、仕入先、金融機関といった大切なものが困る状況が生まれてしまいます。これらはすべて、会社の強みであり、大切な経営資源です。そうした強みが廃業により失われるような事態は、なんとしても避けるべきではないでしょうか。

　従業員は、あなたの会社での働きがいを感じ、安定した収入を得ています。

彼らが仕事を失うことは、彼ら自身やその家族にとって生活の基盤を失うことになります。また、顧客はあなたの会社の製品やサービスに信頼を寄せています。廃業してしまうと、何より大事な顧客の信頼を失うとともに、彼らの生活やビジネスに大きな負の影響をもたらしてしまいます。

さらに仕入先にとって、あなたの会社が廃業すると大きな痛手を負うことになります。安定した注文がなくなることは収益の減少につながります。また、仕入先のその先の仕入先の繋がり、すなわちサプライチェーンにも大きな影響を及ぼすことになります。

こうした強みとなっている経営資源の引き継ぎ先がなく、廃業し、消えてなくなってしまうというのは心苦しいことではないでしょうか？このような状況を避けるためには、適切な後継者を見つけることが重要です。そして後継者が身内や従業員にいないということであれば、M&Aによってあなたの会社の大切なものを引き継いでくれる新たな経営者を探すべきでしょう。

2. 買い手にとってのシナジー効果

経営資源の引き継ぎは買い手にとっても大きなメリットがあります。M&Aによって得られる経営資源と従来からあるものとの融合により、シナジー効果やスケールメリットが得られます。この買い手のメリットがあるからこそ、あなたの会社の経営資源をM&Aによって積極的に引き継いでいこうとするのです。

M&Aで経営資源を活用したシナジー効果には大きく3つの視点があります。

第一に技術の補完です。これは、M&Aによって取得する技術が自社の技術を補完し、相乗効果を生み出すことを指します。例えば、AI技術を持つベンチャー企業を買収することで、自社の製品にAI技術を組み込み、競争力を強化することができます。また、異なる技術を持つ企業同士が協力することで、新たな製品やサービスを開発し、市場において競争優位を築くことができます。

第二にスケールメリットを得る水平統合です。水平統合は、同じ業界内での

他社を買収し、市場シェアを拡大する戦略です。これにより、企業は規模の経済を享受し、競争優位性を高めることができます。例えば、同じ業種の異なる地域の企業を買収することで、新しい市場に迅速に進出し、ブランド力を強化することができます。また、買収によって異なるノウハウや技術を獲得することで、製品やサービスの幅を広げることが可能となります。

　第三に機能を連結させるシナジーである垂直統合です。例えば、サプライチェーンの異なる段階を１つの企業が統合することが含まれます。これにより、効率的な生産プロセスが実現し、コスト削減や品質向上が図れます。例えば、製造業が原材料供給業者を買収することで、原材料の安定供給が確保されるだけでなく、コスト面でも競争力を持つことが可能になります。買い手にとっては、自社の生産ラインを安定させるために、垂直統合を活用することが大きなメリットとなります。

　買い手となる新しい経営者はあなたの会社の経営資源と自社の経営資源との融合を常に考えています。信頼して新しい経営者にあなたの会社の大切なものを託してもよいのではないでしょうか。

58　第 1 章　中小企業経営者に経営コンサルタントが伝えたい基本事項

Q 1-16　M&A の検討・決断を社内に伝えるタイミング

> 　第三者への株式譲渡や事業譲渡などを検討したいと思います。ま
> ずは水面下で検討したいのですが、当社の従業員に知られずに検討
> することはできるのでしょうか？
> 　また、譲渡を決断した場合、従業員にいつ伝えるのが良いのでしょ
> うか？

Answer

　株式譲渡や事業譲渡は、水面下で検討を進めることは可能です。むしろ、検
討していることをオープンにすると様々なリスクが生じるため、秘密裏に進め
るべきです。従業員への情報伝達も、段階的に行うのが良いでしょう。

【解説】

　M&A 検討に関する情報をオープンにすると、以下のリスクが発生する可能
性があります。

- 従業員が会社の将来や自身の雇用継続に対し不安を感じ、モチベーション
  が低下したり、退職につながる可能性があります。
- 取引先、業界、地域内など社外に漏れてしまい、自社の信用低下や関係性
  変化につながる可能性があります。

　そのため M&A 検討に関する情報は限られた人員のみに伝え、情報を伝え
た相手には、社内外問わず情報を漏洩しないよう厳重に注意する必要がありま
す。以下に、それぞれのケースにおける社内情報開示の一般的な方法を説明し
ます。

1．株式譲渡：段階的に情報を開示する

　株式譲渡、すなわち会社の所有権を第三者に譲渡する際は、一般的には事前
に株式を社長に集約し、株主が 1 人になるようにします。ここでは株主が社長

のみという前提で、情報開示の対象とタイミングについて、一例を挙げます。

　株式譲渡を検討する場合、まず経営幹部や経理、法務担当の責任者など、重要なメンバーに段階的に M&A 検討について伝えていきましょう。最初に取締役に対し、検討の事実を伝えます（取締役の人数が多い場合は、重要な取締役に絞ります）。その際、検討の理由とともに、株式譲渡はあくまで検討段階であり確定ではないことを明言しました。また、限られた重要な人にしか伝えていないため、混乱を防ぐためにも口外しないよう要請し、検討に協力してほしい旨も伝えましょう。その後、実務的に各種重要書類を管轄している経理や法務担当の責任者にも伝えます。遅くとも、買い手とのトップ面談もしくは基本合意書を締結するまでには必ず伝えましょう。

　基本合意後には、キーパーソンとなる部門責任者などに伝えていきます。ただしこの時も、M&A 検討の事実を知る人は信頼できる最小限の人員に絞っておくことが重要です。買い手側によるデュー・ディリジェンス（DD）時には、買い手から重要な帳簿や契約書などの提出・閲覧を求められます。経理や法務の責任者に対して、調査に協力できるように準備をしてもらいます。

　一般従業員に対しては、最終合意直前（前日や当日朝など）に従業員全員に一斉に伝えます。朝礼や夕礼（定期的に開催していない場合は臨時朝礼、緊急夕礼などという名目で従業員を招集します）など、必ずリアルタイムかつ直接伝えましょう。この時は従業員に不安を感じさせないよう、譲渡に至った背景

社内情報開示タイミングの一例

	株式譲渡	事業譲渡
トップ面談前	取締役	
基本合意締結前	経理、法務担当の責任者	
基本合意締結後	部門責任者	
基本合意締結後 〜最終合意前	従業員組合幹部	従業員組合幹部 **譲渡事業の従業員**
最終合意直前	一般従業員	一般従業員

や決断したポイント、買い手側の譲受理由を真摯に話します。なお、社内に従業員組合がある場合は、組合幹部に先に伝えておきましょう。

余談ですが、従業員に伝えるのは週末の金曜日は避け、週明けの月曜日に伝えるというケースがあります。金曜日に伝えると休日に従業員の不安感が増しやすいためです。これは一例ですが、従業員の気持ちに寄り添った説明の場にすることが大切です。

2. 事業譲渡：譲渡対象事業の従業員へは個別に伝える

取締役や部門責任者に伝えるタイミングは事業譲渡も株式譲渡と同様です。ただし事業譲渡の場合は、**譲渡事業に従事する従業員の雇用主、雇用条件などが変更されるケースが多く、株式譲渡時よりも早期に事業譲渡について個別に伝え、従業員の就労意向を確認する必要があります**。伝えるタイミングは前述の従業員の不安感発生と情報漏洩のリスクを考慮し、また譲受企業の雇用引き継ぎ意向も調整した上で決定します。ケースバイケースですが、一般的に2社間の基本合意が形成されたタイミング（基本合意締結後）から最終契約の間となります。各従業員の去就が決まらないと、譲受企業は最終契約を締結することが難しいでしょう。

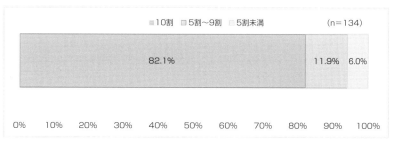

（注）1. M&Aの実施について、「2015年以降にM&Aを実施したことがある」と回答した者に対する質問。
　　　2.「ほぼ全員」と回答したものを「10割」と表記している。
出典：「2021年版 中小企業白書」（中小企業庁　2021）

なお、2021年版中小企業白書によると、8割以上の企業がM&A実施後に従業員ほぼ全員を継続して雇用しています（図参照）。事業譲渡以外のスキームも含んだ統計ですが、多くの場合従業員の雇用は維持されていることが分かります。

雇用が維持されるケースが多いとはいえ、自動的に譲受企業に引き継がれるわけではありません。譲渡企業の社長として、相手方に社員の雇用維持を要請することは重要です。

事業譲渡の話を聞いた従業員は、会社を退職し譲受企業と新たに雇用契約を結ぶか、会社を退職し新たな道を歩むか、別の役割で会社に残る方法を交渉するかなど、大きな選択に迫られます。

ただし従業員が譲受企業への転籍を望んだとしても、譲受企業側が転籍希望者全員と雇用契約を結ぶとは限りません。特に赤字事業の譲渡の場合、譲受企業は収益力向上のためにコストカットを考えますので、従業員の削減も選択肢の一つになるのは自然です。このように従業員の雇用が不安定になり得ますので、各従業員と個別面談をして、誠意を持って話し合いましょう。またトラブルになりそうな従業員がいる場合は、弁護士に相談しアドバイスを得る、該当従業員との面談の席に同席してもらうなど、専門家を活用し対応しましょう。

Q 1-17　株式譲渡後も会社の名称を残したい

将来経営を退き保有する株式を譲り渡した後も、自分が創業したこの会社の名前を残してほしいと考えています。これは可能でしょうか？
また可能な場合は、どのような方法がありますか？

Answer

株式の引き受け者が社長の親族や従業員などの場合、一般的には社名を変更することは稀でしょう。しかし第三者へ引き継ぐ場合（M&A）には、会社の名前を残したいという希望を、最初から買い手候補に伝える必要があります。

【解説】

社名（商号）の変更は、会社法で定められているように、株主総会での特別決議事項です。そのため、法的には株式譲渡後の会社名変更は、新株主である譲受企業の意向によって決定されます。しかし、社名の継続要請は交渉可能です。譲受企業に**社名継続のメリットを明確に伝え、理解を得ることが重要**です。その上で、最終合意に至るまでに、社名継続について契約書に明記するよう交渉しましょう。

1. 社名継続のメリット

譲受企業が社名を継続することには、主に以下のメリットがあります。

(1) 顧客の認知・信頼のスムーズな譲り受け

事業で培った実績によって、社名がブランド化し顧客や最終消費者から高い認知や信頼を得ている場合、譲受企業は社名を変更しないことで販売先との関係をスムーズに受け継ぐことができます。

（2）従業員や取引先の安心感

　譲受企業が引き継いだ従業員や取引先が、社名変更という急激な変化に不安を感じ、離職や取引縮小を検討する可能性があります。社名継続により、こうした不安を解消し、安定的な関係を維持することができます。

2．社名継続のデメリット

　社名の継続使用には、メリットだけでなくデメリットもあります。譲受企業はメリットとデメリットを天秤にかけ、継続使用を判断することになります。

（1）企業文化統合の遅れ

　譲受企業がM&A後に統合を進める際、社名が異なることで、従業員や顧客に「親会社とは別の会社」「中身は以前と変わらない」と認識され、企業文化などの統合に遅れが生じる可能性があります。

（2）マイナスイメージの引き継ぎ

　過去に譲渡企業が顧客に不信感を抱かせた、または経営危機の時期があったなど、社名にマイナスイメージがある場合、これを残すことは譲受企業にとってリスクになります。

3．社名継続の具体的な要請
（1）M&A買い手探索時の表明

　まず、買い手候補を探す当初から希望条件に「社名の維持を希望する」と表明します。買い手候補企業数は絞られますので、社名維持が絶対的な条件か妥協できる希望かは明確にしておきましょう。

（2）買い手への説明・交渉

　買い手候補に接触できるようになったタイミングで、社名継続使用の希望を伝えましょう。買い手が社名変更を考えている場合は、必ず買い手にとって合

理的な理由があります。そのため、例えば社名が相当程度ブランド化している
など、買い手の「合理的な理由」を上回るメリットを伝え、バトンを渡す社長
が社名に込めた想いへ共感してもらうことが不可欠です。前述したメリット・
デメリットに加え、**社名に込めた思いや経営理念などをしっかりと伝え、理解
を深めてもらいましょう。**

(3) 契約書への記載

　買い手の理解が得られた場合は、最終契約書などに社名不変更の条項を記載
したいところです。しかし、期間を定めない不変更条項の記載は実現難易度が
高いため、実際には不変更条項の有効期間を数年間に限定することになるで
しょう。

Q 1-18　M&A 後の従業員への配慮

　M&A を実行して事業を譲ったのち、従業員が不本意な状況に陥らないか心配です。

Answer

　譲渡後の従業員の状況は大変気がかりですので、譲渡前からの従業員と譲渡相手側とのコミュニケーション、処遇面における交渉が重要です。一般的にM&A は多くの中小企業経営者にとり経験がない取引の場合が多く情報量も乏しいので、中小企業庁が公表する「PMI ガイドライン」を活用して買い手側と確認すべきポイントや取引条件の座標軸を作っておくことをお勧めします。

【解説】

1．譲渡先との交渉において、入口段階で明確につたえること

　事業を譲渡する条件の中で譲渡後の従業員の処遇をどうするかは大変大きなテーマで、実際、価格は折り合っても処遇面の扱いで合意できずに流れる案件もあります。それほどデリケートでかつ重要なポイントですので、この点は、譲渡の話に乗る前に経営者ご自身がよく練っておくことが肝要です。例えば、一定期間の雇用の維持や給与面などの処遇の維持など、維持してもらいたい、あるいは対処してもらいたいポイントを譲渡交渉の入り口段階で明確に買い手側に伝えることが重要です。なんとなく譲渡の話が仲介者のペースで進んでしまい、言い出すタイミングを逸してしまったとか、タイミングが遅かったせいで他の条件で譲歩をせざるを得なかったということはくれぐれも避けたいところです。

　ただ、具体的にどのタイミングでどの程度のことを要求するべきか、M&Aの経験や情報が乏しい中で悩まれることも多々あると思います。やはり、事業承継の入り口段階からプロセス全体を踏まえて親身になってもらえる相談者を持っておくことが望ましいと言えます。

2. 従業員への対応～コミュニケーションの手を抜いてはダメ

　不本意と感じるかどうかについては、従業員個々の主観も関係するところが大いにあり、同じ状況でも不満に感じる従業員もいれば、そうでもない従業員もいるものです。このように従業員の気持ちの持ち方次第のところも大いにあるがゆえに、譲渡に先立って経営者と従業員のコミュニケーションが大変重要になります。一般に非上場中小企業の場合、譲渡方針が大枠で決定した段階で従業員に説明するケースが多いと思いますが、この時には、譲渡後の事業の方向や従業員の処遇についてその方針をきちんと説明することが肝要です。そして、このM&Aが会社のためにも従業員のためもなることを経営者みずからの言葉でしっかりと従業員に説明することがなによりも重要です。

　また、譲渡先の経営者とは従業員に開示する内容や説明の算段などについてしっかり情報を共有し、譲渡後の処遇については特に明確な合意を確認しておきましょう。さらに、従業員の感じていることや企業風土のような暗黙知の部分も買い手側の経営者に伝達し、譲渡後の対応に尽力してもらえるような土台を作っておくことが重要です。

3. 中小企業庁「PMI ガイドライン」は売り手側にも有効な手引き

　中小企業庁では中小M&Aを成功に導くためのガイドブックとして「中小PMI ガイドライン」を公表しています。このガイドラインは主に買い手側に立った譲受後の行動指針を提示していますが、売り手側経営者にとっても、譲渡後の事象についての理解を深める上で有用なガイドブックです。特に、譲渡後の売り手側従業員が抱く不安や不信感を払拭し、納得感や共感を得る為に買い手側が行うべき事項や失敗例も列挙されています。例えば、売り手側従業員には情報を「同時に／等しく／正確」に伝えることや、従来の業務のやり方を否定せず相手を尊重する姿勢が重要であると述べられています。

　このような買い手側に要請される事柄を念頭におき、譲渡交渉の段階から譲渡後に対処してもらうべき事項を相手側の経営者としっかりと確認しながら進めることが重要です。

第 1 章-3　経営資源の承継を実現する中小 M&A　67

$\mathbf{Q}$ 1-19　中小 M&A 成功のポイント

> 中小 M&A の成功のポイントについて教えてください

Answer

　事業承継全般にいえることですが、ここでは重要なポイントとして以下の2点を挙げさせていただきます。

1. 早期に「自分事化」して着手する。
2. プロセスを間違えずに丁寧に実施する（専門家の助言を受ける）

【解説】

1. 早期の自分事化

　あくまで個人的な見解ですが、今の日本の中小企業は事業承継に取り組むのが遅すぎると考えています。事業承継は、現経営者が自分の出処進退を意識することから始まります。株主からの圧力がある上場企業と異なり、経営と所有が一致している中小企業においてはオーナーである現経営者にしか勇退のタイミングを決めることができません。京セラ株式会社創業者稲盛和夫氏をはじめ名経営者と言われる方は、ほぼ例外なく自ら創業した事業を引き継いだのち、その後の経営への関与の立ち位置を大所高所からの見守りに移しています。

　これを M&A に置き換えると、心密かに自分の経営者としての引退年齢とさらにその先の事業の発展をしている姿や人生をえがき、準備を開始する決意を固めるというところがスタートになります。家族や社員、取引先のため、ひいてはご自分の「志」という襷を次世代に繋ぐために優先すべきことを整理し、自ら納得して行動に移すことを人生最後の大仕事を捉えることが大切です。

　組織体である企業は永続して成長を重ねることが可能ですが、人間である経営者は年齢的な衰えから逃れることはできないと腹をくくって、「攻めの成長は次世代に任せる」と意識や考え方を切り替えて臨むことが期待されます。

経営者年齢の国際比較

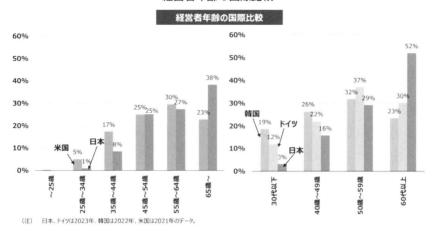

出典：2024年中小企業白書

　事業の状況やご自身の健康状態にもよりますが、現在の公的年金制度や健康年齢を勘案すると60歳前後で検討を始め、数年間かけて準備（現状把握・磨き上げ）、65～70歳で（売却先の選択・実行）、その後PMIの実現を見届けるというスケジュールが現実的なモデルとなるのではないでしょうか（諸説ありますが、男性の健康年齢は現状72～73歳と言われています）。

　また、広い意味でのBCP（Business Continue Plan：事業継続計画）と捉えることも可能です。天災や国際紛争によるサプライチェーンの分断などの文脈で語られがちなBCPですが、経営者の加齢に伴う体調変化などの予想可能なアクシデントによる企業活動の中断対策の方が自社の業績に与える影響も大きく経営上の重要度が高いと考えることもできるのではないでしょうか。

2．プロセスを間違えない

　マーケティングや経営管理全般にいえることですが、絶対成功する法則が無い代わりに、上手く行く確率が高まるプロセスというものも存在します。

　ステップ分けは、書籍により様々ですが、M&Aによる事業承継は概ね以下のプロセスになります。

第 1 章-3　経営資源の承継を実現する中小 M&A　　*69*

M&A 活用による世代間持続的発展モデル

ビジネス譲渡の準備（現世代）			実行（世代交代）		成長・発展（次世代）	
STEP1	STEP2	STEP3	STEP4	STEP5	STEP6	STEP7
気づき	現状把握	磨き上げ	M & A（計画）	M & A（実行）	P M I（実現）	イノベーション

出典：事業承継ガイドラインを元に筆者作成

Q 1-20　第三者事業承継の時間

第三者に事業を譲る場合でも時間をかけて譲る方法があります
か？

Answer

一般的に M&A の仲介専門業者はなるべく仲介の仕事を手早く完結したい
と考える傾向があり、特に規模が小さい案件であればあるほど時間をかけて譲
渡を行うような案件は好まれません。しかしながら、事業承継とはあくまで売
り手と買い手の合意と協調により成り立つものですので、当事者が望めば時間
をかけて M&A を進めることも可能です。

【解説】

いわゆる B to B といわれる事業で、顧客や得意先が法人や自治体などの事
業者である場合、経営方針やサービス内容の急変には保守的な場合も多く見受
けられます。また個々の従業員の得意とすることや仕事のやり方、モチベー
ションなど、一定の時間をかけながら変えていく方が得策となる場合もありま
す。

筆者が実際に遭遇したケースとしては、地域に根差した土木・建設業や卸売
業の事業承継において、これまでの経営者ご自身がもつ人的なネットワークや
お人なりなどがその地域での事業を成り立たせている重要な要素になっている
場合や、職人さんら社員の中にはその経営者の実力や人間性を慕って仕事を続
けているような場合があり、今日からこの人が新オーナーですというよりも、
新オーナーが徐々になじんで行く方式で上手く行ったケースがありました。

事業の譲渡が行われたあかつきに、新旧の事業をどのようになじませて当初
期待したシナジーを発揮していくかは、PMI（Post Merger Integration）と呼
ばれるテーマです。この詳細は、別章での解説に譲るとしまして、ここでは時
間をかけた譲渡方法を実際の M&A 取引の中でどのように進めて行けばよい

かについてお示ししたいと思います。

　何年かかけて事業を譲り渡すとは、会社の経営を段階的に移譲していくことであり、具体的には、会社の株式の保有比率や権限の大きさ、あるいは所管する仕事の範囲などを、売り手は段階的に退いて行き、買い手がそれを引き継いでゆくことです。こういった会社の株式の譲渡スケジュールやそれに伴った運営に関わる諸条件を、株主間、すなわち株式の売り手と買い手の間であらかじめ合意しそれを株主間協定といわれる契約書としておくことで実行可能なプロセスとなります。

　例えば、3年かけて株式を3分の1ずつ譲渡するとした場合、2年後、3年後の譲渡価格の決め方、譲渡を開始してからの売り手側、買い手側双方の役員構成や役員の所管、また、事業計画や重大な投資計画についての承認方法、重要な人事や処遇などについてあらかじめ合意して協定書に落とし込めば良いのです。ただし、この株主間協定の事項は、あくまで売り手と買い手の間の私的な約束事なので、会社法等による法律で定められた事項に反する取り決めをした場合は、法的拘束力がないと判断されることもありますので専門家の助言を仰ぐことも必要です。また、定款に抵触する場合も定款が優先されるのが一般的ですので、かかる株主間協定を策定する時には、売り手、買い手双方の定款の内容と照らし合わせることや、必要であれば、定款の変更も実施しておくことが求められます。

　仲介専門業者による仲介案件では、このような手間をかけた譲渡プロセスや、複数年にわたる譲渡取引などは M&A ではないとして取り上げないケースもありますが、それは単発・一括取引を好む仲介業者の意向が反映されていることもあり、本来は売り手側、買い手側、双方が納得し合意するプロセスを踏んで M&A が最終成就することが重要なのです。仲介業者の持ち込み案件に着手する場合は、こういった意向や要望があればしっかりと申し入れてから進められることをお勧め致します。

　また、やはり事前の情報収集が大事であることは論を待たず、身近な支援機関と相談できる環境を作っておきましょう。その上で、いざ案件が出てきた時

に1つの仲介業者による承継方法に頼り切りにならないような布陣がなにより大事といえます。そのためには、仲介業者の持ち込みだけに頼るのではなく、平素から地域支援機関との交流を活用するなど、ご自身の理想に近い事業承継ができる素地を作っておくことが重要です。時間をかけながら事業承継を成就させて行くためには、いわゆる伴走型支援者を早い段階から見つけて活用していくことをお勧めします。

Q 1-21 廃業に伴う取引先への対応

当社はメーカーの下請け構造の一部として長年部品を供給してきました。当社には後継者がいなく廃業を考えているのですが、廃業時取引先にどのような影響があるでしょうか？

Answer

御社の廃業は、直接の取引先である部品納品先だけでなく、完成品メーカーも含めた全体に影響を与える可能性があります。できれば影響を最小限に抑えるため、事業承継による部品製造のノウハウなどの承継を検討したいです。承継先は、御社と関係が深く影響を受ける可能性がある直接の取引先を含めた**サプライチェーン内の企業**が有力な選択肢として考えられます。

【解説】
1．サプライチェーンとは

サプライチェーンとは、購入者への製品の供給（サプライ）において、上流から下流までを形作る役割を、鎖（チェーン）をつなぐように1つにした全体のことです。例えば、原材料の調達から部品製造、完成品の組み立て、そして流通、最終消費者への販売までで構成された、製品供給までの役割をまとめてサプライチェーンと言います。すべての役割を一社で担うこともあれば、各役割を様々な企業で担いサプライチェーンを構成することもあります。

例えば自動車業界や家電業界では、部品供給会社（下請け、孫請け含む）と完成品の製造会社、販売会社がそれぞれ分かれています。アパレル業界でも多くの場合、生地製作やボタンなど部品の製造、企画・デザイン、完成品製造、販売など各役割はそれぞれ専門の事業者が担っており、それらを繋げた全体が

サプライチェーンとなります。製造から販売までを一手で担う株式会社ファーストリテイリング（ユニクロを運営）のような企業は稀です。

　各社が綿密に連携し製品を製造、販売していますので、**サプライチェーンの中でどの役割が欠けても全体に影響が出ます**。重要なサプライヤーの突然の廃業は、部品の供給停止によって取引先の生産に支障をきたし、サプライチェーン全体が不安定になる可能性があります。また技術やノウハウが失われ、取引先の製品品質にも影響を及ぼす可能性があります。そのため、廃業ではなく事業承継をして御社の役割を残すことがサプライチェーンの維持に不可欠です。

2. サプライチェーン事業承継とは

　中小企業庁は近年、「サプライチェーン事業承継」を推進しています。サプライチェーン事業承継とは、サプライチェーンを構成する企業群全体で事業継続を促進し、サプライチェーン全体の維持・発展を実現するというものです。中小企業庁が推進する背景として、サプライチェーン内の「取引先や販売先が後継者不在等で廃業してしまうことを防ぐ」ことを挙げています。

　サプライチェーン事業承継を実施する製造業の場合のイメージは以下のとおりです。加工メーカーから見て、仕入れ先である原材料・部品販売業者や販売

サプライチェーン事業承継の概念図（製造業）

出所：中小企業庁 Web サイト

先に廃業の可能性がある場合、M&Aを実施することでサプライチェーンを維持・発展させることがサプライチェーン事業承継となります。

また、サプライチェーン内の事業者が廃業となった場合は、その取引先の事業に影響が出て、場合によっては経営の危機や連鎖廃業を引き起こすこともあります。そうならないよう、サプライチェーン内の役割は残さねばなりません。

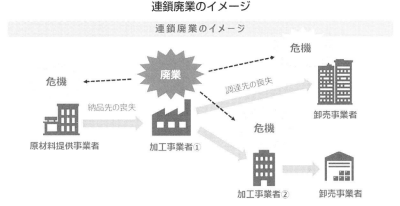

出所：中小企業庁Webサイト

サプライチェーン事業承継を検討する際は、取引先企業へ相談をするか、各都道府県の事業承継・引継ぎ支援センター、もしくは地域金融機関や専門家へ相談しましょう。

3. 譲受企業側のメリット

自社の業績が不振であることを取引先に伝えるのは、心理的に話しづらいと思います。けれども、廃業という選択肢を取るより事業承継をすれば、譲受企業側にも以下のメリットがあります。できるだけ早いうちに相談してみるのが良いでしょう。

(1) サプライチェーンの維持が可能

譲受企業自身の製品などを製造・販売するためのサプライチェーンが維持されますので、売上の毀損を防ぐことができます。

(2) 長年の取引で蓄積された関係性

長年の取引により、譲渡企業の技術の高さや誠実さ、仕事ぶりを譲受企業は分かっており、信頼が醸成されていることでしょう。M&Aマッチングを通じて初めて知った会社よりも安心してM&Aを検討できます。

(3) 事業領域の拡大

譲受企業に不足する技術を譲渡企業が有している場合、その技術の取り込みにより外注工程の内製化や、関連事業への事業領域の拡大を図れます。

(4) 顧客の拡大

譲渡企業の顧客を引き継げるチャンスがあり、別事業においても販路拡大につなげられる可能性があります。

4. サプライチェーン事業承継の主要パターン

(1) 直接の取引先(納品・販売等)への譲渡

自社製品や部品を納品、販売している取引先への事業承継です。

(2) 同じ納品先を持つ他社への譲渡

共通の会社へ納品をする同業他社等への事業承継です。

（3）取引先への譲渡

　島内貨物輸送を担う運輸会社が、離島のスーパーを承継したという事例があります。離島のスーパーは島民にとって大事な生活インフラであるため、荷物の配送先であるスーパーを承継することで、配送先の減少防止以上の効果があったと言えます。

第1章-4

外部協力について
（専門家・支援機関マッチングサイトなど）

$\mathbf{Q}$ 1-22　M&A 後のトラブル

M&A の検討を促すようなダイレクトメールなどが会社に届くので、最近 M&A を気になっています。しかし、M&A の売却後にトラブルになる場合あると聞きます。トラブルにならないように M&A をするならば、気を付けることは何でしょうか

Answer

トラブルを回避するためには、信頼できる専門家との協力が重要です。

【解説】

M&A の仲介会社でもいい会社もあれば、そうではない会社もあります。

そもそも M&A の仲介会社でいい会社とはどんな会社でしょうか。

- 希望売却金額の買い手を探してくれる仲介会社
- 短期間で買い手を探してくれる仲介会社
- 金額以外の売却条件を受け入れる買い手を探してくれる仲介会社

などに、様々に考えられます。

まずは、自社にとって M&A で売却するにおいて「何を大切にしているか」ということを決めておくことで、自社に取って「いい仲介会社」と探せる近道となります。

その上で、M&A を仲介する組織体は「公的な機関」と「民間の企業」と二つに分けられます。

公的な機関は信頼があり、仲介手数料などが安いことがメリットです。ただ、買い手のデータベースの企業数が少なかったり、担当者の人員が不足している場合があります。そのため、売り手の望むような買い手を探しきらない場合もあります。

民間企業は買い手企業のデータベースが豊富であり担当者も熱心に探す場合が多いです。ただし、M&Aの契約成立を優先するあまり金額以外の条件を重要に考えていない場合もあり、売却契約締結後にトラブルになることもしばしばです。これは民間のM&A企業の担当者が売却金額に応じて報酬が決まっていることが多いためです。よって、経営者の希望をすべて聞いていると、契約までに時間がかかるため、M&Aの成約を優先するためです。「売り先が契約を早めて欲しいと言っている」というような、M&Aを急がせる場合は充分に注意しましょう。

まずは、それぞれの特徴とメリット・デメリットを知ることが大切です。

そこで最も大切なことがM&A仲介会社ではない専門家のサポートやセカンドオピニオンの力を借りることです。国家資格のある中小企業診断士などは中小企業のために、企業を総合的に評価し、理解することができます。経営のプロであるため、社長の金額以外の希望事項について、買い手の情報の分析も得意です。売り手企業の希望事項が本当に実行できるかのチェックに専門家のサポートは有効です。

例えば、経営者がM&Aを考えるときに、売却金額・売却後の経営方針・従業員の雇用維持・系襟年の継続、顧客への信頼の維持など多方面にあります。これを総合的に分かる専門家は少ないです。例えば、M&A仲介会社の担当者が経営に関する資格を有していないとすると、社長の経営の思いや希望を理解することができません。結局「売却金額」しか分からない担当者も多いです。また、税理士や司法書士などの専門家はそれぞれ税金や法務については詳しいものの、経営そのものや人材活用など総合的に経営者の信条が分かるわけではありません。ですから、経営者の本当の望みが分かる経営のプロのアドバイスが本当に重要です。

80　第 1 章　中小企業経営者に経営コンサルタントが伝えたい基本事項

　中小企業診断士は、経済産業省が示している「中小 M&A ガイドライン」も遵守しており、企業の側にたったサポートを行なっているかも確認しましょう。近年はこのガイドラインを守ることを行政も重視しているため、経営者から「中小 M&A ガイドライン」を守っていること、認定支援機関できることなどを確認してください。

Q 1-23　M&A 失敗の回避のための取り組み

　昨今、様々な業者より M&A による事業承継の検討をすすめられ
ますが、誤った判断や大きな失敗を回避するためにはどのようなこ
とを念頭に取り組めば良いのでしょうか？

Answer

　「誤った判断」を回避するためのすべてのケースを完全に網羅した「虎の巻」
はありませんが、中小企業庁が2024年8月に公表している中小 M&A ガイド
ライン第3版（以下 "ガイドライン"）を1つの指針として、「誤った判断」を
できるだけ回避するヒントを考えてみましょう。

【解説】

　このガイドラインでは、まず第1章で、中小 M&A の事例として成功した
事例、成功しなかった事例、売り手側の基本姿勢や留意点が提示されていま
す。事例を要約しますと、

① 【公的な支援機関や身近な専門家への相談が功を奏した例】

　　小規模、赤字会社、親族承継が行き詰った、などの理由で M&A は無理
　　と思い込んでいたものが、公的な支援機関や顧問税理士などからの紹介に
　　より、自社の強みを評価してくれる会社が現れ無事事業承継ができた事
　　例。

② 【時期が遅れたことによる条件悪化】

　　経営状況に危機が差し迫ってからの取り組みであったため、価格面など不
　　本意な決断を余儀なくされた事例。

③ 【最も重要とする譲り渡し条件を設定し、最大目的を達成させた】

　　従業員の継続雇用を最大の眼目とし、譲渡後にも一定期間経営に関与する
　　ことを条件として M&A に取り組み、価格面など一部の条件では譲渡し
　　たものの最大目的は果たせた事例。

④ 【想定外の事象により M&A が成立しなかった】

　社内外に事前に M&A 情報が洩れて関係者の合意が形成できなかった、オーナー同志や従業員とのコミュニケーション不足で不成立に至った事例。

　上記事例から示唆される総括的な助言として、1. 中小企業の経営者が M&A を進めるための環境が整ってきており、積極的な姿勢で臨むことが望ましいこと、2. 早期取組がまずなにより重要であること、3. 秘密保持などの情報の管理とコミュニケーションの重要性、が提示されています。大きな脱線や不本意な隘路に陥ることを避けるためには、まずは身近な支援者と、社会のため、従業員のためにという大局感をもって積極的に早期に取り組むことが重要なことと示唆されています。

　続いて第2章は M&A をビジネスとして推進する仲介事業者などの支援業者に対するガイドラインですが、M&A の当事者となる経営者の皆さまにとっても、どの様な支援業者が望ましいとされるか示唆の多い内容と考えます。要点として以下のポイントを提示しておきます。

① 支援業者は手数料について詳細に説明する必要があります。特に仲介業者は中立の立場で売り手、買い手を繋ぐ役割ですので双方から手数料を受け取るのが普通です。注意事項として、仲介業者によっては、買い手側事業者とは反復取引が期待できることもあり、買い手側に重心を置いた進め方になる可能性もあります。双方に中立的な立場で進めているか、その対価に見合う手数料となっているか、相手側の手数料を含めて開示し説明しているか、などを確認し納得がゆくまでしっかりと説明を受けましょう。

② 相手側に自社の社名が開示されるタイミングは自社側がコントロールすること。つまり自社側が応諾するまでは、仲介事業者が勝手に相手側に自社の社名を開示できません。社名を開示することは、この先交渉を進めることを前提としており、また当然ながら会社が特定できる情報が第三者に流れるということです。従って、その譲渡する方針について納得

第1章-4 外部協力について（専門家・支援機関マッチングサイトなど） 83

に至る前に一方的に開示を急がされるような場合は要注意です。

③ 最終条件について納得がいくまで理解しているか。自社が何を大事にしているのか、それを案件の中心に据えて進める姿勢があるかどうか、経営者ご自身が納得でき、共感を得られる条件になっているかどうかが重要です。特に従業員の処遇、譲渡の進め方（時間をかけて譲渡する場合は特に）、譲渡後の経営者の立場、個人保証の取り扱いなどについては特に入念に見極めた上で進めましょう。

84 第1章 中小企業経営者に経営コンサルタントが伝えたい基本事項

Q 1-24 専門家への相談

> 企業を売却したいので専門家の支援を受けたいと思います。どんな専門家に相談すればよいでしょうか。

Answer

売却にあたって相談する相手は士業です。弁護士、公認会計士、税理士や司法書士に加えて経営については中小企業診断士に相談すべきでしょう。また売却先を探すときにはマッチング・プラットフォームを活用すると良いでしょう。

【解説】

1. 専門家の支援をフル活用する

中小企業を売却する際には、様々な専門家の支援が必要です。

まずは税理士や公認会計士などの財務アドバイザーに相談するのが良いでしょう。信用金庫や公的な金融機関も含めて銀行が財務アドバイザーを担うこともあります。

財務アドバイザーは会社の財務状況を分析し、企業価値の算定を行います。また、売却後の資金計画や税務についても助言を提供します。彼らの専門知識を活用することで、企業の価値を最大限に引き出すことができます。

このうち税理士は売却に伴う税務問題を解決し、最適な税務戦略を提案します。また、税理士の役割は、売却後の税務申告や財務計画をサポートすることです。彼らは税務リスクを最小限に抑えるための重要なアドバイザーです。税理士の専門知識を活用することで、税務面でのトラブルを避け、最適な税務戦略を実行することができます。

さらに、M&A仲介会社は売却プロセス全体をサポートし、適切な買い手を見つける手助けをします。M&A仲介会社は、売却の専門知識を持ち、複雑な手続きを円滑に進めるための重要なパートナーです。そして、市場の動向を把

握し、最適なタイミングでの売却をサポートします。また、交渉や契約の締結をサポートし、スムーズな取引を実現します。M&A仲介会社の支援を受けることで、売却プロセスが効率的に進行し、最良の結果を得ることができます。

弁護士は法的な観点から売却プロセスをサポートし、契約書の作成や法的リスクの評価を行います。弁護士の役割は、売却に伴う法的な問題を解決し、取引の安全性を確保することです。契約書の内容を精査し、法的なトラブルを未然に防ぐための重要な役割を果たします。弁護士の専門知識を活用することで、法的なリスクを最小限に抑え、安心して売却プロセスを進めることができます。

2. 経営に係る相談は中小企業診断士へ

中小企業診断士は唯一の経営コンサルタントの国家資格です。中小企業診断士は会社の経営戦略の策定を支援し、会社の売却に向けた準備をサポートします。その最大のスキルは、企業の強みや弱みを分析し、最適な経営戦略を提案することにあります。中小企業診断士の支援を受けることで、企業の価値を最大限に引き出し、売却後の成長を確保することができます。

また中小企業診断士は、M&A後の経営統合すなわちPMIプロセスで重要な役割を果たします。中小企業診断士は企業の統合をスムーズに進めるために、組織構造や業務プロセスの再編成、組織文化の融合、業務システムの統一などをサポートします。また、財務や人事の調整を通じて、新しい組織が効率的に運営されるように支援します。中小企業診断士の専門知識を活用することで、企業の売却後の成長と成功がより確実になります。

これらの専門家の支援を受けることで、企業売却のプロセスをスムーズに進めることができます。

3. マッチングサイトを活用する

それではもっとも大事な会社の買い手を探すにはどうしたらよいでしょうか。まずは、税理士や金融機関、仕入先などの取引先に相談することでしょ

う。しかし、限られた人的ネットワークだけではなかなか最良の売却先を見つけることは困難です。

そこで最近では、適切な買い手を見つける手助けを、M&Aマッチングサイトから受けることもできます。M&Aマッチングサイトは、売却希望の企業と買収希望の企業をマッチングさせるプラットフォームをインターネット上に提供しており、数多くの売却情報と買取情報が集まっています。この売りと買いの情報をマッチングさせることで、効率的に適切な買い手を見つけることができるのです。M&Aマッチングサイトを活用することで、売却プロセスが迅速に進行し、最良の結果を得ることができます。

M&Aマッチングサイトは、簡便で低コストの割に広範なネットワークを持つ上に、M&Aの成約に向けて専門家のサポートを受けられるサービスもあります。

Q 1-25　M&Aに必要な費用

M&Aによる会社の売却を検討していますが、費用面で不安があります。

Answer

自社にとって、M&Aに必要なサポートと費用のバランスを考え、コストを抑える方法も検討してみてください。

【解説】

M&Aは一般的に費用が高額になるというイメージが先行しています。実際、多くのM&Aは成約までに財務・税務・法務・会計など幅広い分野の専門知識を駆使して行うため、それに伴う人件費等で売却におけるコストも高くなる場合があります。順を追って説明すると、まず仲介業者等を活用してM&Aによる売却を行う場合、かかる費用は大きく①仲介手数料、②税金、③その他（定款に定められている場合の株券の発行費用など）がありますが、こ

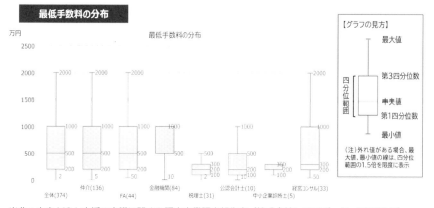

支援機関別の最低手数料の分布

出典：中小M&A支援の実態に関する調査事業調査報告書（株式会社レコフデータ　2023年）

最低手数料の最頻値

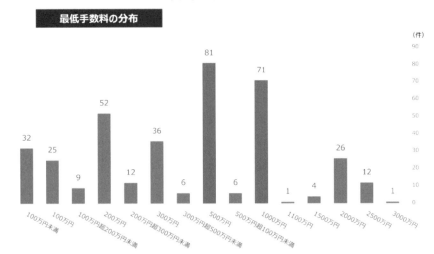

出典：中小M&A支援の実態に関する調査事業調査報告書（株式会社レコフデータ　2023年）

こでは一番ネックとなる①について解説します。

　中小企業庁の調査では、最低手数料を設定している仲介業者等の全体の中央値は500万円です（ただし、税理士や公認会計士、中小企業診断士は最低手数料を500万円より低い水準に設定している傾向が見られます）。また、最頻値の手数料も500万円ですが、それに次ぐ価格は1,000万円となっており、かなり高額であると言えます。

　1つ注意喚起をしておかなければならないのは、M&Aに無知な顧客に付け込み、仲介業社本位の高額な手数料を前提とした取引が行われるケースも一部にはあるということです。サービスの質と手数料を天秤にかけた際に、自社にとって最適なパートナーは何であるかをよく見極めることが重要と言えるでしょう。

　以上を踏まえたうえで、実際に費用を抑える方法の例としては以下が考えられます。

1．M&A プラットフォームの活用

　M&A プラットフォームとは、ウェブサイト上で M&A の売り手と買い手を
マッチングさせる仕組みのことを言い、以下のような特徴があります。

　① 仲介業者を利用しないことによる費用の軽減

　　　プラットフォームを利用し自分で買い手を探す方法であれば、かかるコ
　　ストは、基本的にプラットフォーム利用料と成約時の手数料のみになりま
　　す。「成約時の手数料」という部分について、プラットフォームは成果報
　　酬型が一般的であり、取引が成立しない場合は通常はマッチングの費用が
　　発生しないので、幅広い企業に打診をすることができるというメリットも
　　あります。プラットフォームに付帯するオプションサービス等の内容や利
　　用の有無でトータルのコストは変わってきますが、それでも先述した仲介
　　業者に支払う仲介手数料に比べれば安価となるケースが多いです。

　② 能動的・主体的な候補先の選定

　　　サイト上で条件を設定し、自社のタイミングで相手を探すため、仲介業
　　者等からの紹介を待たず、自社で主体的に交渉を進めたいというニーズに
　　は適した仕組みと言えるでしょう。プラットフォームによっては、候補先
　　と直接交渉することも可能です。

　注意点としては、プラットフォームによって得意とする業界・業種やサポー
ト体制が異なるということです。したがって、M&A の知識や経験が浅いの
に、コストを重視するあまりサポート体制が充実していないプラットフォーム
を選んでしまうことも考えられます。そのような失敗を防ぐために、費用面だ
けでなく以下の観点で比較検討することが必要です。

〈M&A プラットフォームの比較検討のポイント〉

- プラットフォームの種類
  （マッチングのみか、アドバイザー等の契約もセットになっているか等）
- サポート体制の充実

（システムの利用方法や実務面の照会対応等必要なサポート体制は十分か）
- 運営会社の背景
（M&Aの専門家は在籍しているか、得意な業界・業種は何か等）
- 登録者数、成約実績、成約に要する平均期間等の数値情報

2. 補助金の活用

　M&Aを行う際に利用できる補助金の例として、令和2年から開始した「事業承継・引継ぎ補助金」があります。条件を満たせば、M&A支援業者に支払う手数料やデュー・ディリジェンスにかかる専門家費用などが補助対象経費となります。詳しくは中小企業庁のHPをご確認ください。

　M&Aプラットフォームの活用と補助金の活用について、本書でも詳しく解説していますので併せてご参照ください。

第1章-4 外部協力について（専門家・支援機関マッチングサイトなど）　*91*

Q 1-26　公的な補助金

M&Aの売り手側で活用できる公的な補助金があると聞きました。活用できるケースや活用の条件など、詳細を教えてください。

Answer

公的な補助金、助成金（以下、補助金という）には大きく分けて国の補助金、都道府県の補助金、市区町村の補助金、公的機関の補助金があります。また公的補助金以外に、業界団体など民間の団体や企業が独自で運用している補助金もあります。中小企業向けの各補助金には企業の成長や従業員の働き方改革を後押しするものなど様々な種類があり、事業承継・M&Aで活用できるものもあります。

【解説】

1. 補助金の特徴

補助金は主に国・自治体・公的機関が主体となり、中小企業等による事業、取組や制度設計などを支援するため、資金の一部を給付（原則返済不要）するものです。補助金には一般的に以下の特徴があります。

- 国や自治体など**行政の政策方針に合う事業に対して補助金が交付**されます。なお、国の補助金は「補助金等に係る予算の執行の適正化に関する法律」を根拠に運営しており、不正受給等は法令違反となります。
- 国や自治体の税収を適切に活用するという観点から、大型補助金を中心に補助金の申請に対しての**審査**、また補助金交付後一定期間経過後の実績報告が必要なことが多いです。
- 国や自治体の年度予算・補正予算で運用されるものが多いです。そのため、**補助金の見直しや改廃、予算上限到達時の終了**があり得ます。
- 補助金対象事業や事業承継の経費支払いが完了し、**最後に入金**があります。すなわち、**事業は先に全額自己負担で実施**することになります。ま

た、交付されるのは支払経費の全額でなく、経費の一部です（例外あり）。

それでは具体的な補助金をご紹介します。

2．国の補助金：事業承継・M&A補助金（中小企業庁）

　M&Aの売り手側で活用できる国の補助金に、中小企業庁が提供する「事業承継・M&A補助金」があります。当補助金は、事業承継、事業再編及び事業統合を促進し、国内経済の活性化を図ることを目的としています。この補助金には4つの申請枠がありますが、M&Aの売り手企業が活用できるのは、2つの枠となります。

　以下、売り手企業の視点で各枠のポイントを解説します。なお、執筆時点では令和7年度実施の当補助金の概要しか公表されていないため、以下のポイントは令和6年実施時の情報を記載します。ご了承ください。詳細および最新の情報は、「事業承継・M&A補助金」のWebサイトに掲載される公募要領を必ずご確認ください。

(1) 専門家活用枠　売り手支援類型（Ⅱ型）

　売り手企業が活用できる主な補助金は、この専門家活用枠となります。M&A支援機関へ支払ったFA・仲介費用の一部が補助対象です。

　事業承継・引継ぎ補助金【10次公募】より概要を紹介します。

対象者	事業再編・事業統合（事業譲渡、株式譲渡等）に伴う経営資源の引継ぎを行う中小企業者等
補助対象事業	事業再編・事業統合に伴う経営資源の引継ぎを行う取組
対象外　例	親族内の事業承継、グループ内の事業再編
申請要件	地域の雇用など地域経済全体を牽引する事業等が、M&Aに伴い第三者により継続される見込みであること
対象経費	事業再編・事業統合を行う際のM&A専門家（登録M&A支援機関に限る）の費用等。中間報酬、成功報酬も含む。※補助事業期間内に契約・発注・支払いを完了すること
補助上限額	600万円 （廃業・再チャレンジ枠併用申請時　最大150万円増額）
補助率	補助対象経費の1/2以内 利益率低下などの条件を満たせば2/3以内

（2）廃業・再チャレンジ枠

廃業・再チャレンジ枠は以下の2パターンのどちらかで申請が可能です。
- 経営革新枠または専門家活用枠とあわせて申請を行う併用申請
- 廃業・再チャレンジ枠単独で申請を行う再チャレンジ申請

どちらの申請が可能かは、以下のフローで確認しましょう。

事業承継・引継ぎ補助金【9次公募】廃業・再チャレンジ枠

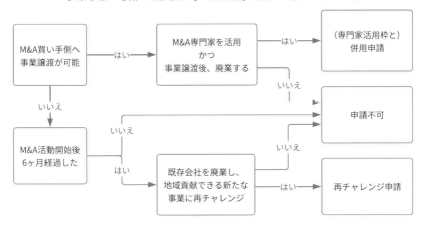

事業承継・引継ぎ補助金【9次公募】より概要を紹介します。

対象者	M&A に伴い既存事業を廃業する中小企業者等
補助対象事業	・専門家活用枠と併用申請：M&A で事業を譲り渡した後も手元に残った事業を廃業する場合 ・再チャレンジ：M&A で事業を譲り渡せなかったが、地域の新たな需要の創造または雇用の創出につながる新たなチャレンジをするために既存事業を廃業する場合
対象経費	【廃業費】 廃業支援費、在庫廃棄費、解体費、原状回復費、リースの解約費、（併用申請のみ）移転・移設費用
補助上限額	150 万円
補助率	補助対象経費の 2/3 以内

3. 各都道府県の令和 6 年度補助金

　一部の自治体では地域の課題や実情に沿って独自の補助金を設計しています。申請できる条件や補助金額、補助率、申請可能期間などはそれぞれです。多くの場合、本社所在地がある自治体でのみ申請が可能ですので、ご注意ください。

　ここでは中小企業数が多い都道府県に絞り、令和6年度補助金制度の概要をご紹介します。詳細は各 Web サイトや役所等の窓口でご確認ください。

第1章-4　外部協力について（専門家・支援機関マッチングサイトなど）　95

都道府県別中小企業数（上位 10 自治体）と令和 6 年度補助金

	都道府県	中小企業数	うち小規模	事業承継関連補助金
1	東京都	419,013	340,304	事業承継支援助成金 （公益財団法人東京都中小企業振興公社）
2	大阪府	261,653	218,624	
3	愛知県	195,313	161,194	
4	神奈川県	183,675	156,138	神奈川県事業承継補助金
5	埼玉県	150,113	129,638	
6	兵庫県	134,030	113,737	
7	北海道	131,874	111,552	
8	福岡県	130,936	109,179	福岡県事業承継実現（M&A 事業）補助金
9	千葉県	114,104	97,252	千葉県事業承継支援助成金 （公益財団法人千葉県産業振興センター）
10	静岡県	108,727	93,732	

出所：「中小企業の企業数・事業所数」（中小企業庁　2023）を基に筆者作成

（1）東京都　事業承継支援助成金

　東京都および都の外郭団体である（公財）東京都中小企業振興公社（略称：公社）が運営する助成金です。都内中小企業の持続的な成長・発展に向けた新たな事業展開に寄与し、円滑な事業承継、経営改善につなげていくことを目的としています。

（概要）

対象事業	【A タイプ】M&A 等，ほか
対象経費	事業承継、経営改善に係る外部専門家等への委託費
限度額・助成率	200 万円（申請下限額 20 万円）、2/3 以内
備考	公社や商工会議所、地域金融機関、信用保証協会が行う事業承継・事業再生に関する個別相談・支援メニューを受けていることが申請の条件となっている

Web サイト	東京都中小企業振興公社
	https://www.tokyo-kosha.or.jp/

（2）神奈川県事業承継補助金

　神奈川県が運営する補助金です。本補助金は、物価高騰や人手不足等の影響により、優れた経営資源を持ちながら事業継続に課題を抱える中小企業の事業承継を促進し、経営資源・雇用の喪失を防ぐことを目的としています。

（概要）

補助区分	売り手支援
対象経費	第三者への事業承継に係る、専門家等と連携する取組
	（企業価値の算定費用等に対する補助）
限度額・補助率	100 万円、1/2 以内（小規模事業者は 2/3 以内）
Web サイト	神奈川県　事業者支援・活性化
	https://www.pref.kanagawa.jp/menu/5/20/index.
	html

（3）福岡県事業承継実現（M&A 事業）補助金

　福岡県が運営する補助金です。本補助金は、県内の事業譲渡を希望する事業者が M&A 仲介事業者に支払う仲介手数料を補助するものです。

（概要）

補助区分	M&A 事業
対象経費	M&A 仲介業者に支払う M&A 成約に係る仲介手数料
限度額・補助率	50 万円、1/3 以内
備考	福岡県事業承継・引継ぎ支援センターを経由して、M&A 仲介業者の仲介を受けること
	申請は福岡商工会議所へ、毎月月末締め
Web サイト	福岡県　しごと・産業・観光＞中小企業
	https://www.pref.fukuoka.lg.jp/life/4/32/

（4）千葉県事業承継支援助成金

　千葉県および（公財）千葉県産業振興センターが運営する補助金です。本補助金は、事業承継計画の策定や、M&A による第三者への事業譲渡など、事業者が事業承継に向けた取組みを実施するために要する、専門事業者への委託等の経費を助成するものです。

（概要）

助成区分	売り手側のみ
対象経費	事業承継計画の策定委託、企業価値の算定委託、後継者の育成、M&A の仲介委託等
限度額・助成率	50 万円、1/2 以内
備考	後継者の育成（セミナー等受講料）も対象
Web サイト	千葉県産業振興センター https://www.ccjc-net.or.jp/index.php

　以上が自治体の補助金の例です。

　事業承継、M&A 支援の重要性が高まっていますので、執筆時点で補助金制度がない自治体でも制度が新設される可能性があります。最新の市区町村の補助金制度については、本社所在地の Web サイトや役所等の窓口でご確認ください。

■コラム■ M&Aマッチングサイト

　M&Aマッチングサイトは、企業の売却や買収を効率的に進めるためのオンラインプラットフォームを提供するサービスです。これらのサイトにはいくつかの特徴があります。

　まず、簡便さと低コストが挙げられます。従来のM&A仲介業者に比べて、オンラインプラットフォームを利用することで、手続きが簡素化され、コストも抑えられます。特に中小企業にとっては、限られたリソースでM&Aを進めることができるため、大きなメリットとなります。

　代表的な3大マッチングサイト

　次に、広範なネットワークを活用できる点です。M&Aマッチングサイトは、多くの企業や投資家が登録しているため、売り手と買い手のマッチングが迅速に行われます。これにより、適切な相手を見つけやすくなり、交渉がスムーズに進む可能性が高まります。

　また、専門家のサポートも充実しています。多くのマッチングサイトは、M&Aに関する専門知識を持つアドバイザーやコンサルタントを提供しており、企業が適切な判断を下せるよう支援します。これにより、複雑な手続きや法的な問題にも対応できるため、安心してM&Aを進めることができます。

　さらに、透明性の確保も重要な特徴です。マッチングサイトでは、売り手と買い手の情報が明確に表示されるため、取引の透明性が高まります。これにより、信頼性のある取引が実現しやすくなります。

最後に、迅速な成約が可能である点も大きな魅力です。従来の M&A プロセスは時間がかかることが多いですが、マッチングサイトを利用することで、成約までの期間が短縮されるケースが多く見られます。これにより、企業は迅速に次のステップに進むことができます。

第1章-5
中小 M&A と
アントレプレナーシップ

$\mathbf{Q}$ 1-27　売却相手

> 会社の売却を考えています。果たしてどんな相手に売ればよいの
> でしょうか。

Answer

あなたの会社の成長戦略を実現できる能力のある人が経営者として理想です。一言で表現すればそれは起業家、アントレプレナーです。起業家精神を持った経営者と出会えたら、会社の売却と事業承継はきっと成功します。

【解説】

1．起業家が活躍するのはスタートアップだけではない

いまの時代、起業家が新たなビジネスを始める場合、ゼロから立ち上げるだけではありません。既に存在する企業を買収して経営をスタートするというチャンスが増えています。これは「買収による起業」や「起業家 M&A」として注目されています。リスクを抑えながら起業家精神を活かし、企業経営ができる方法として拡がりを見せています。

なぜ、そうなのでしょうか。スタートアップは新たな創業によりイノベーションを生み出す可能性があります。しかしその一方で、リスクも大きく多くの起業家が失敗を経験します。スタートアップした企業の5年後の生存率は約4割といわれています。

スタートアップには新規事業の構築や市場開拓といった課題がつきものであ

り、それを実現するためには多くの資金、時間、労力が必要です。さらに、不確実性が高く、失敗する確率も高いため、リスクをとる覚悟が求められます。このような背景から、全ての起業家がスタートアップを選択するわけではなく、特にリスクを減らしつつ経営に挑戦したいと考える人々には別の道が模索されています。それが起業家M&A、つまり買収による起業です。

2. 起業家M&Aこそ経営者としての実力を発揮できる

その一方で、既存の企業を買収することは、スタートアップに比べて低リスクです。なぜなら、安定した事業基盤がすでに整っているからです。

既存の顧客基盤や収益構造が確立されている企業を引き継ぐことで、新たな市場開拓や製品開発のリスクを最小限に抑えつつ、自分のアイデアやリーダーシップを活かして経営改善や成長戦略に取り組むことができます。買収された企業が安定した収益を持っている場合、投資回収がしやすく、起業家にとっても比較的安心して経営に臨むことができるため、安定志向の強い起業家にとって魅力的な選択肢となっています。

さらに、新進気鋭の起業家が既存企業を買収し、その後の経営においても成功する確率が高まっています。これは、起業家が持つ「変革への意欲」や「成長志向」が、買収した企業に新たな活力をもたらし、経営効率や収益性を向上させる効果を持つためです。買収した企業に対して新しいビジネスモデルやデジタル技術を導入するなどの取り組みを通じて、企業全体の成長を促進し、競争力を強化することが可能です。こうしたアントレプレナーシップは、単なる現状維持にとどまらず、持続的な発展を目指す経営を実現するための大きな推進力となります。

「起業家M&A」としての買収は、経営者不足や後継者不足に悩む中小企業にとって、チャンスです。つまり、事業の存続や成長のために外部から新しい経営者を迎え入れることで、その企業の存続が図れるとともにさらなる発展も期待できます。

3．後継者がいなければ起業家（アントレプレナー）に会社を売りなさい

　これが、買収による起業、起業家 M&A と言えるでしょう。あなたに後継者がいなければ、この新進気鋭の精神を有するアントレプレナー、起業家に会社を売って事業の承継を考えるべきです。

　これは廃業を避けるためです。子供や親族が事業を引き継がなければ、もう廃業しかありません。こうした状況を避けるために、後継者を社内や家族外から探す手段として、外部の起業家への売却が1つの解決策となります。起業家はビジネスに対する強い情熱や新たな価値創造への意欲を持っているため、会社を買収して経営に参加することで、企業をさらに成長できます。

　新進気鋭のアントレプレナーが企業の経営を引き継ぐことで、新たな経営戦略や技術導入、デジタル変革といった革新がもたらされる可能性も高くなります。ビジネスモデルの変革も企業なら可能でしょう。高齢化した経営者では古い考えにとらわれてうまくいきません。

　起業家の視点からのリーダーシップは、組織に新たな活力を与え、従来の事業を再構築して競争力を向上させる効果があります。

　後継者不在の中小企業がアントレプレナーに企業を売却することは、企業の持続可能性を確保するための有効な手段です。

　あなたに後継者がいなければ起業家（アントレプレナー）に会社を売ることを考えてください。

第1章-5 中小M&Aとアントレプレナーシップ 103

$\mathbf{Q}$ 1-28 起業家精神をもった経営者への引き継ぎ

起業家精神を持った経営者に会社を引き継ぎたいのですが、その
ためには何をすればよいでしょうか。

Answer

会社を売却する際には、成長戦略を示すことが非常に重要です。成長戦略を
しっかりと描けることで、あなたの会社を引き受ける起業家と出会うチャンス
が広がります。

【解説】

1. 成長戦略を描いて起業家にアピールし理解してもらう

成長戦略とは、会社がどのように成長し、発展していくかの計画です。これ
は、売り手としてのあなたのビジョンを具体化するものであり、買い手にとっ
ても非常に重要な情報です。成長戦略が描かれていることで、買い手はその計
画に基づいて会社の価値を評価し、将来的な収益を見込むことができます。こ
のため、成長戦略を持つことは、会社を高く売却するための鍵となります。

会社の売却する際には、明確な成長戦略を持つことが不可欠です。それによ
り、適切な買い手と出会い、より良い条件で会社を売却することができます。
成長戦略があれば、あなたの会社の未来を託すことができる相手をセレクトす
ることもできます。

成長戦略を明確に示すことができれば、売却額を高く設定することも可能で
す。なぜなら、買い手は将来の成長を見込んで価値を判断するからです。具体
的な成長戦略があることで、会社の未来像を共有でき、より良い条件で売却で
きる可能性が高まります。

2. 成長戦略があると買い手の条件も明らかになる

成長戦略があると、どのような買い手に売るべきかの判断が可能になりま

す。なぜなら、あなたの会社の成長戦略を実現してくれる買い手を見つけることが必要だからです。どんな経営者に譲るのか、戦略が無ければ経営者を選ぶ判断基準もできません。

　また戦略があれば、それを使って買い手との会話にも役立てることができます。買い手の起業家がビジョンを持っているか、戦略的な思考力を有しているか、結果にコミットする姿勢があるか、などを見極めることも可能です。また、不退転の実行力、リーダーシップ、変化への適応力、意思決定の速さも会話の中から引き出すことが出来ます。これらの資質を持つ起業家に売却することで、会社の成長を確実に引き継いでくれるでしょう。

　こうした会話を通じて買い手の起業家があなたの成長戦略を理解し、受け入れることができるかを見極めることが重要です。例えば、あなたの会社が新しい市場に進出する可能性がある場合、その市場に詳しい起業家を選ぶことが有効です。また、新しい技術を導入しようとしている場合、その技術に精通している起業家を選ぶことで、成長戦略の実現がよりスムーズになります。

　さらに、買い手の起業家があなたの会社の文化や価値観を理解し、尊重することも重要です。会社の文化や価値観を共有することで、従業員のモチベーションを維持し、会社全体の士気を高めることができます。このため、買い手の起業家があなたの会社の文化に適応できるかを確認することも大切です。

3. 戦略を描けるパートナーと協力する

　自分で成長戦略を描くことが難しい場合もあります。その時には、経営の専門家に相談することが重要です。中小企業診断士は、経営の専門家としてあなたの会社の成長戦略を提案する役割を担っています。中小企業診断士は会社の強みを活かし、現実的で実行可能な成長戦略を作成してくれます。中小企業診断士の助けを借りることで、自信を持って会社を売却する準備が整います。遠慮なく相談し、最適な戦略を描くパートナーとして活用してください。

　中小企業診断士は、経営に関する幅広い知識と経験を持っています。中小企業診断士は市場分析、財務計画、組織改革など、様々な分野でのアドバイスを

提供します。これにより、あなたの会社が持つ課題を的確に把握し、成長戦略を立案することができます。

　また、財務状況を見直し、資金調達やコスト削減の方法を検討することで、会社の経営基盤を強化する手助けをします。さらに、中小企業診断士はあなたの会社の内部環境を改善するための具体的なアクションプランを提供します。例えば、従業員のスキルアップや業務プロセスの効率化など、成長戦略を実現するための具体的な施策を提案してくれます。これにより、会社全体が一丸となって成長戦略を実行するための基盤が整います。

Q 1-29 起業家への惹きつけ材料

> どうやって起業家を惹きつければよいでしょう。今、私にできることはなにですか？

Answer

セルサイド（売り手）DD（デュー・ディリジェンス）で解決します。

【解説】

1. 起業家と同じ目線に立つセルサイド DD

M&A（企業の合併・買収）プロセスにおけるデュー・ディリジェンス（DD）は、通常買い手が基本合意後に行う調査です。この調査は公認会計士などの専門家が買い手の目線で行います。彼らは、会社の売り手と買い手のどちらにも偏らない第三者として、客観的に企業の財務状況やリスクを評価します。これにより、買い手は適切な取引条件を設定するための詳細な情報を得ることができます。

セルサイド DD の役割とメリット

しかし、セルサイド DD（デュー・ディリジェンス）は、売却側が行うデュー・ディリジェンスです。売却先を探すタイミングで、ノンネームシートを補強する資料として企業概要書を作成するために実施されます。これは、会社の持つ力をアピールし、買い手にとってわかりやすい形で情報を提供するために重要です。

セルサイド DD を行うことで、会社の成長戦略を明確に示すことができます。成長戦略が理解できれば、買い手はその企業の将来性を評価しやすくなります。これにより、買い手は会社の価値を正確に見積もり、適切な価格での取引が期待できます。また、セルサイド DD があることで、買い手は成長戦略の実行準備が整っていることを確認でき、取引後のスムーズな移行が可能となり

ます。

さらに、セルサイドDDを通じて、会社のイノベーションの強みを引き出すことができます。これは、起業家にとって非常に魅力的な要素です。イノベーションを推進する能力があることを示すことで、起業家はその会社に対する投資意欲を高め、より積極的に関与しようとするでしょう。

2. 成長戦略とリスク分析で起業家を惹きつける

起業家にとって、成長戦略の評価は非常に重要です。セルサイドDDを通じて明確に示された成長戦略は、起業家を惹きつける要素となります。具体的な成長戦略があることで、起業家はその会社の将来性を感じ、投資意欲を高めます。

なぜなら、起業家は経営の経験が少ない場合もあるからです。

また、リスク分析を正直に行うことも重要です。リスクを隠さず、正直に評価することで、買い手である起業家の信頼を得ることができます。信頼関係が築ければ、友好的な取引が成立しやすくなり、起業家の良い側面を引き出すことができます。

セルサイドDDを通じて、会社の強みや成長戦略、リスクを明確に示すことで、起業家に対して魅力的な提案を行うことができます。これにより、会社を適切な買い手に売却し、成功するM&Aを実現することができます。

3. 鍵は起業家との信頼関係

セルサイドDDは、売却側が自ら行うデュー・ディリジェンスであり、買い手にとって分かりやすい形で会社の情報を提供するための重要なプロセスです。成長戦略やリスク分析を通じて、起業家の目線に立った情報提供を行うことで、信頼関係を築き、成功するM&Aを実現することができます。また、セルサイドDDを通じて会社のイノベーションの強みを引き出すことで、起業家の関心を引き、積極的な関与を促すことができます。これにより、会社の未来を明るくするための最適なパートナーを見つけることが、成功の鍵となるでしょう。

108　第 1 章　中小企業経営者に経営コンサルタントが伝えたい基本事項

Q1-30　起業家による M&A 後の PMI

　起業家が M&A に関わると私の会社がズタズタにされて跡形もなくなってしまうような心配があります。起業家は買収後の経営にも関わってくれるのでしょうか？

Answer

　起業家のマインドを持った経営者が本当に活躍するのは、あなたの会社を買収した後です。つまり PMI という買収後の経営活動の中でその本領が発揮されますので、起業家は買収後の経営に深く関わることになります。

【解説】

1. イノベーターである起業家が PMI を加速する

　PMI（Post-Merger Integration）は、買収後の業績を改善するための活動です。多くの M&A 仲介アドバイザーは、買収のディールを成立させた時点でその役割を終えてしまいます。しかし、これでは本当の意味で M&A を成功させるには至りません。真の成功を収めるためには、買収後の成長戦略に沿って収益を改善し、企業文化を変革していくことが必要です。

　この PMI プロセスを成功させるには、特別なスキルと視点が求められます。しかし PMI を実践できる経営者は決して多くありません。ここで、起業家の本領が発揮されます。起業家は、新しい視点と革新的なアイデアを持ち込み、企業の未来を描き直す力を持っているからです。

　買収後の PMI は単なる業績改善に留まりません。企業の文化を変え、新しい価値を生み出すプロセスでもあります。起業家は、これまでの常識にとらわれず、企業の強みを最大限に引き出す方法を見つけ出します。その革新的なアプローチは、企業全体に新しい風を吹き込み、社員 1 人ひとりの意識改革を促します。

　また、起業家は成長戦略に基づいて行動します。市場の変化を敏感に察知

し、迅速に対応する力を持っています。これにより、企業は競争力を維持し、さらなる成長を遂げることができるのです。起業家のリーダーシップの下で、企業は新しいステージへと変革します。

リスクを恐れず、新しい挑戦を楽しむ起業家は、PMIのプロセスにおいてもその強みを発揮します。企業の抱える課題を的確に把握し、それを乗り越えるための創造的な解決策を提供します。このような起業家の姿勢は、企業の持続可能な成長を支える重要な要素となります。

2. 成長戦略を実現し企業価値を増やす

企業の成長戦略を実現し、その価値を高めるためには、起業家の力を最大限に引き出し、PMIを成功させることが重要です。これを実現するためには、あなたが先代経営者として新しいオーナーを徹底的にサポートすることが求められます。

いくら起業家といえどもその企業の経営に精通している訳ではありません。買収後に収益力を高めていくとき、新しい経営者にすべてを委ねておけば何もかもがうまく行くとは限りません。事業が持つリスクや問題点を熟知してるわけではないからです。譲渡先の経営者にすべてを任せるのではなく、元オーナーであるあなたが経営をサポートすることによって買収後に収益を改善する可能性が格段に高められます。

このため、売却前から買い手である起業家と綿密にコミュニケーションを取ることも非常に大切です。このコミュニケーションのツールとして、セルサイドデューデリジェンス（セルサイドDD）が役立ちます。セルサイドDDを通じて、企業の現状や成長戦略、解決すべきリスクを事前に共有することができます。これにより、起業家が会社の現状を正確に把握し、効果的な成長戦略を実行する準備が整います。

PMIは、企業文化や経営方針を新しいオーナーと共有し、一緒に成長戦略を描いていくプロセスです。事業承継の成功は起業家との協力によってのみ達成されるものであり、その成功はPMIを完結させることで初めて実現しま

す。徹底的なサポートと綿密なコミュニケーションを通じて、起業家の力を最大限に引き出し、企業の未来を共に築いていくべきでしょう。

第 1 章-5　中小 M&A とアントレプレナーシップ　*111*

Q 1-31　起業家精神を持った後継者の発見

　起業家精神を持った人が後継者に相応しいことは分かりましたが、いったいどこにそういう人がいるのでしょうか？

Answer

　起業経験のある経営者だけではなく大企業のサラリーマンだったり、士業だったり、たくさん予備軍はいます。よい後継者は必ず見つかります。安心してあなたの会社の良さを発信してください。

【解説】

1．成長戦略を託せる人を選ぶ

　企業の未来を託すには、起業家精神を持った経営者を見つけることが鍵です。では、そのような人材はどこにいるのでしょうか。実は、起業経験者だけでなく、大企業のサラリーマンや士業のプロフェッショナルの中にも、たくさんの予備軍がいるのです。自信をもってあなたの会社の良さを発信し、良い後継者を見つけだしてください。

　まず、あなたの会社の成長戦略を託せる起業家がどこにいるのかを探ることから始めましょう。例えば、得意先や仕入先などの既存の取引先は、あなたの会社の事業をよく理解しているので、後継候補となる可能性があります。長年の取引関係から信頼できる関係にあればなおのことです。したがって取引先から会社の売却先を見つける可能性があります。

　顧問としてかかわっている士業にも売却先がいる可能性があります。例えば、税理士や公認会計士はあなたの会社の財務を熟知していますし、中小企業診断士は経営のプロフェッショナルとして事業の強みを理解しています。こうした経営顧問先にあなたの会社を譲渡できる候補がいる可能性があります。

　大企業のサラリーマンも見逃せません。銀行、商社、メーカーなど異なる業界で培った経営スキルを有しています。そうしたスキルを活かして、あなたの

ビジネスを新しい視点から成長させる潜在力を持っています。

2. 会社を託せる起業家の選定基準

　それでは、どんな特性のある相手に会社を売却すべきでしょうか。ここでは会社を売却する相手の選定基準について考えます。

　まず、ビジョンを持っていることが重要です。明確な目標と将来像を持ち、企業の方向性を示す力があることは、従業員やパートナーを引きつけ譲り受けた会社の組織をまとめ、全社一丸となって進めていける原動力となります。また、リーダーシップを発揮し、チームを導き、モチベーションを高める力が必要です。効果的なリーダーは、困難な状況でも冷静に対応し、適切な決断を下せる能力を持っています。

　戦略的思考力も求められます。長期的な視点で計画を立て、柔軟に戦略を調整する力が重要です。

　市場の変化や競合の動きを読み解き、適切な対応ができるリスク管理能力も求められます。リスクを予測し、適切に対処する力があり、リスクを恐れず、挑戦を楽しむ姿勢が必要です。問題解決能力も重要な要素です。迅速に問題を特定し、創造的な解決策を見つけ出す力を持ち、困難な状況でも冷静に対応し、前向きな姿勢で取り組むことができる人を選びましょう。

　最後に、変化への適応力です。変化に柔軟に対応し、新しい状況に適応する力が求められます。市場の動向や技術革新に敏感で、迅速に対応できる能力が必要です。

　これらの資質を備えることで、起業家は企業の成長を牽引し、成功を収めることができます。

　起業家精神を持った人を見つけるためには、幅広い視野を持ち、様々な業界や職種から候補者を探すことが必要です。専門家の助言を活用し、成長戦略を共有し、綿密なコミュニケーションを通じて、企業の未来を託せる最適な相手を見つけましょう。これらのステップを踏むことで、起業家の力を最大限に引き出し、企業の成長を持続させることができるのです。

第１章-6

事業承継後の経営者について

Q 1-32　M&A 後の引退経営者の役割

M&A 後、完全引退まで経営者はどのような役割を果たすべきですか？

Answer

譲り渡し側の経営者が事業の売却後も数年間会社に残ることを勧められる事も多いです。その際の主な役割は、新オーナーの支援です。これにより、社員や取引先との関係が維持され、早期に統合効果が発揮されることが期待されます。また、前経営者の専門知識や経験が必要とされる場面も多くあり、これも新しい経営陣にとって大きな助けとなります。売却後も一定期間、関与を続けることで現役人生を最後まで輝かせるのです。

【解説】

2024 年度の中小企業白書に、広義の PMI（統合前の協議の段階からアフターフォローまでを含むプロセス全般のことを指す）において、プラスの効果を及ぼしたと思う取組みが掲載されています。こちらによれば、M&A の成立前において、重点的に実施した取組みは、「相手先コミュニケーションを通じた相互理解」が最も多く、M&A 成立後においては「相手先従業員とのコミュニケーションを通じた相互理解」「相手先経営者とのコミュニケーションを通じた相互理解」が多くなっています。

M&Aの成立前後において、重点的に実施したPMIに係わる取り組み

出典：2024年度中小企業白書を筆者加工

M&Aの後は
従業員同士の相互理解
重要取引先への説明に
重点をおいて取り組んでいる

M&Aの成立前後において、重点的に実施した取り組みと満足度の関係

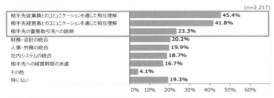

成立前

経営者の相互理解＞現状把握

成立後

ヒト（従業員・経営者・取引先）との
コミュニケーション＞組織・体制

出典：2024年度中小企業白書を筆者加工

第 1 章-6　事業承継後の経営者について　*115*

　価値観や主体にもよりますが、経営的には経営資源の相乗効果発揮がM&A
の最重要事項です。取引先との円滑な関係継続も含め、統合後の組織における
良好な人間関係の維持・発展に尽力することが、双方の満足度を高め、結果的
に譲り渡し側の経営者人生の有終の美を飾れるかどうかの大きなポイントにな
ることはこれらの調査結果からも読み取ることができるでしょう。

Q 1-33 引退後のライフプラン

> M&A による売却後、経営者は会社との関係はなくなりますか。

Answer
　売却後も何らかの形で自社に関わる経営者は多く存在します。自身がどのようなライフプランを望むのかを前もって整理しておきましょう。

【解説】
　経営者が売却後に会社とどう関わっていくかは、経営者が今後どのようなライフプランを希望するかによるところが大きいと思われます。大きく分けて3つの選択肢が考えられます。
　① 完全に引退する
　② 売却後も会社の経営に携わる
　③ 社外人材として関わる

　①のようにきっぱりと引退するという生き方もあれば、②③のように引き続き会社に関わっていくという生き方もあります。したがって、必ずしも「売却

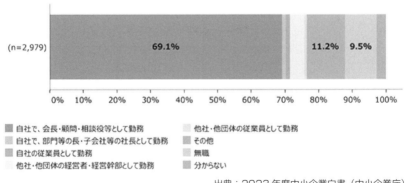

中小企業の経営者の引退後の生き方

出典：2023年度中小企業白書（中小企業庁）

第1章-6 事業承継後の経営者について　117

＝会社と縁を切る」ということではありません。ちなみに、データによれば、中小企業の代表で引退後も何らかの形で自社に関わるという生き方を選択した人は、全体の約7割となっています。

多忙な経営者は会社のことで頭がいっぱいで自身のことは後回しにしがちですが、自分の人生としてどのような生活を望むのかについて考えをまとめておくことも必要と言えるでしょう。経営者の引退と廃業に関するアンケート調査によれば、「習い事や旅行などの趣味」「運動やスポーツ」「友人や知人との交流」が引退後の理想の過ごし方としての回答が多いものの、実際に実現できている人の割合は低いことが分かっています。本アンケートの調査対象は事業を廃業した経営者であるため、M&Aの売り手側の経営者とは事情が異なる部分もあると思いますが、もし漠然としたものでも理想があるのであれば、そのような生活を実現するために必要なことは何かを調べ、備えておくことが大切ではないでしょうか。

その一方で、同じアンケート調査で、引退後の生活に関して「日々の過ごし

経営者の引退後の日々の過ごし方と理想の過ごし方

図-40 日々の過ごし方と理想の過ごし方（複数回答）

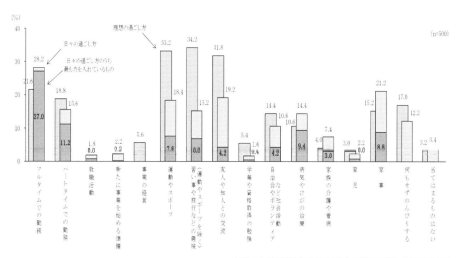

出典：日本政策金融公庫総合研究所資料（2019年）

引退後の生活の満足度と生きがい

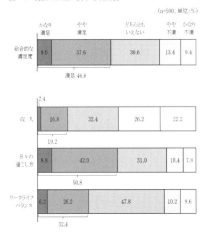

図-46 現在の生活に関する満足度

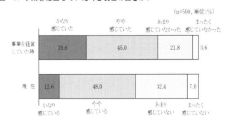

図-47 事業を経営していた時と現在の生きがい

表-3 生きがいの変化

出典：日本政策金融公庫総合研究所資料（2019年）

方」にかなり満足、またはやや満足している人の割合は「収入」や「ワークライフバランス」のそれよりも多く、さらに「生きがい」については事業を経営していたときよりも感じにくくなる傾向にあることが分かっています。

この部分に関しては個人毎で感じ方も大きく異なり、既に十分な貯蓄があり、引退後は収入よりも日々の充実した生活が大事という人もいるでしょうし、一方でずっと会社の仕事が生きがいであり今後も特にやりたいこともないので、引き続き仕事を続けたいという人もいると思われます。引退後の生活において何を優先したいのか、仕事以外のことに生きがいを見出せそうかということを、自身の価値観に従って整理しておくべきです。

そのうえで、売却後も自社の経営に携わりたいと考えるのであれば、当然のことながら後継者と十分に対話を重ねておくことが必要です。調査によれば、後継者は先代経営者との対話が十分であるほど、先代経営者の事業承継後の関与に対する満足度が高いという結果となっています。

後継者の先代経営者の関与に対する満足度と対話状況

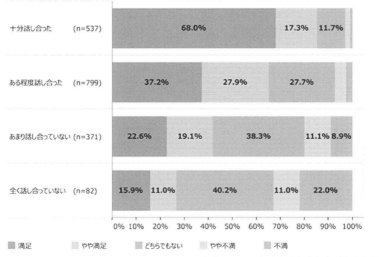

第2-2-21図　先代経営者との事業承継後の処遇に関する対話状況別に見た、先代経営者の事業承継後の関与に対する満足度

出典：2023年度中小企業白書（中小企業庁）

　そして、後継者との対話と並行して、売却後も経営に携わるための手続きについても進めていく必要があります。本書では、その詳細を第2章で詳しく解説していますのでご参照ください。

120 第1章 中小企業経営者に経営コンサルタントが伝えたい基本事項

Q 1-34 経営を続けるか、他人に譲るか

会社の売却にはどことない後ろめたさや、恥ずかしさがあります。やむを得ず経営を降りるにしても、それは本当に幸せなことなのでしょうか？

Answer

現在の会社を経営し続けるのがよいのか、他人に譲るのが良いのかケースバイケースです。しかし、経営者の重圧から解き放たれて、新しい人生を歩むというのも選択肢の1つでしょう。また廃業よりは、会社がすぐれた経営者のもとで存続することは幸せなのではないでしょうか。

【解説】

1. 会社を売ることで得られるもの

会社を売却することで「幸せになれるか」どうかは、個々の状況や価値観、目標によって大きく異なります。しかし得られるものは少なくありません。どのようなものが得られるでしょうか。

まず、資金を得ることができます。会社を売却することで一度に大きな資金を得ることができ、経済的な安定や自由を享受できる可能性があります。家族のための生活資金を、また趣味や余暇に費やす資金が手に入ります。例えば、子供の教育費や住宅ローンの返済、老後の資金など、将来の不安を解消するための資金を確保することもできるでしょう。

また、新たなビジネスチャンスや投資機会を追求するための資金としても活用できるでしょう。

リスクを軽減することもできます。会社のオーナーであることは、常に経営リスクを負うことを意味します。市場の変動や競争の激化、経済状況の悪化など、様々なリスクが存在します。これらのリスクから解放されることで、精神的な負担が軽減され、安定した生活を送ることができるようになります。特

に、業績が思わしくなく多額の借り入れがある場合は、経営に関するストレスやプレッシャーから解放されることで、心身の健康を保つことができるでしょう。心身の健康は、多くの場合、幸せにつながることではないでしょうか。

　また、会社を売却することで、時間的な自由を得ることができます。経営者としての責任や業務から解放されることで、自分の時間をより自由に使うことができるようになります。これにより、家族や友人との時間を増やしたり、趣味や旅行など自分の好きなことに時間を費やしたりすることができます。長年にわたって経営に専念されてきた場合、経営の重圧から解き放たれて自由な時間を獲得するという、その解放感は大きいです。

2. 新たな挑戦の機会

　会社を売却することで、新たな挑戦やキャリアの機会を追求することができます。例えば、他の企業での役員や顧問として経営者の経験を活かす活動、これまでできなかった新たな事業の立ち上げ、あるいは業界団体の集まり、非営利活動やボランティアなど、自分の経験やスキルを活かして新たな分野に注力することができます。自己実現や社会貢献の機会が広がり、充実感を得ることができます。

　このように会社を適切に売却できれば、人生を幸せに変えていく、きっかけを持つことができます。

3. 経営者から降りることの弊害

　一方で、会社を売却してしまうと、不幸に感じる経営者もいるでしょう。例えば、長年築き上げてきた企業や従業員との関係を断ち切ることになる場合、感情的な喪失感は想像に難くありません。また、会社を売却した後の企業の運営が、もともと考えていたものと異なる場合、そのギャップに対する不満や不信感を感じることもあるかと思います。

　さらに、売却によって得た資金をどのように運用するかについても慎重に考える必要があります。適切な運用を行わないと、資金がただ減少してしまい売

却の意味が失われてしまいかねません。会社が持つビジネスモデルは、たとえ薄利であっても資金の運用によって確実に利益を残すことができます。しかし、個人による資金の運用は別の難しさがあります。

　総じて、会社を売却することで「幸せになれる」かどうかは、個々の状況や価値観、目標によって異なります。経済的な安定や自由、時間的な余裕、精神的な負担の軽減、新たな挑戦やキャリアの機会など、多くのメリットがある一方で、感情的な喪失感や資金運用のリスクなども存在します。

　しかし何よりもすぐれた経営者のもとに渡ることで、あなた自身が築いてきた会社が存続することの幸福は何よりも代えがたいのではないかと思います。会社を売却するかどうかの判断は、自分自身の状況や目標をよく考えて、どうすれば幸せになれるかを考えて行動することで最適な判断を得ることができます。

第 2 章

弁護士から見た

スモール M&A による事業承継

第２章-1

事業承継と M&A

Ｑ 2-1　大企業対象の M&A とスモール M&A の違い

最近、「スモール M&A」という言葉をよく聞きますが、「スモール M&A」とは何ですか？、また、大企業を対象とする M&A と、どこが異なるのですか？

Answer

スモール M&A とは、これまで比較的 M&A にはなじみの薄かった小規模企業が、事業承継の選択肢として、あるいは企業規模拡大や事業多角化の手段などとして、M&A の手法を用いることをいいます。スモール M&A は、当事者の経験・知見、属人的な要素、コスト面などにおいて大企業を対象とする M&A とは異なる点があり、その実行にあたっては、これらの点について考慮する必要があります。

【解説】

1．スモール M&A の意義

中小企業は、事業承継を検討するに当たり、一般的には、後継者候補を経営者の親族内から選定し、仮に親族内に不在であれば自社の役員や従業員の中から選定します。しかしながら、親族内にも社内にも後継者候補がいない、いわゆる後継者不在の中小企業においては、社外の第三者に後継者候補を求めるほか事業承継の選択肢がなく、それが実現できなければ、その会社は廃業を余儀なくされます。そこで、このような後継者不在の中小企業が、社外の第三者による事業承継のために M&A の手法を用いる場合があり、これを中小 M&A

といいます。

このように、中小 M&A は、もともと事業承継における第三者承継の手法として注目されてきましたが、近年は、それに留まらずより積極的に、中小企業の企業規模拡大や事業多角化の手段などとしても注目されています。

近年の状況を踏まえ、中小企業白書においても、「M&A にはなじみのない中小企業も多かったが、近年、事業承継の選択肢として、あるいは企業規模拡大や事業多角化の手段などとして中小企業にとっても身近な存在になりつつある。」(2021 年版)、「事業承継や人材確保のための手段としてはもちろんのこと、相手先とのシナジーを得て競争優位を獲得するなど、成長戦略の手段にもなり得る。」(2024 年版) との指摘がなされています。

2. スモール M&A の動向

我が国企業の M&A 件数 (大企業を含む) は、近年増加傾向で推移しており、公表されているだけでも 2019 年には 4,000 件を超え、翌年の 2020 年は新

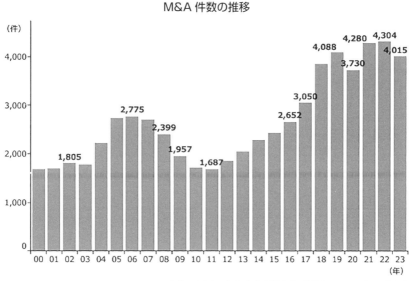

出典:2024 年版中小企業白書 ((株) レコフデータ調べ)

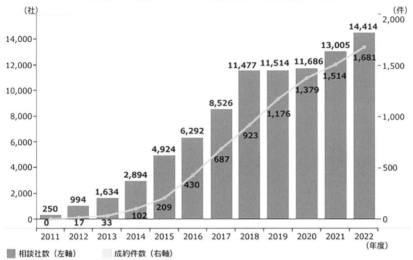

事業引継ぎ支援センターの相談者数、成約件数の推移

出典：2024年版中小企業白書（（独）中小企業基盤整備機構調べ）

型コロナウイルス感染症流行の影響もあり前年に比べて減少しましたが、2022年には4,300件を超え、過去最高となりました。このように我が国においてM&Aは活発化しており、それに伴いスモールM&Aも増加していると推測されます。

その裏付けとしては。第三者に事業を引き継ぐ意向がある中小企業者と、他社から事業を譲り受けて事業の拡大を目指す中小企業者等からの相談を受け付け、マッチングの支援を行う専門機関として全都道府県に設置されている事業引継センターの相談社数と成約件数を見ると、2022年には14,414件と過去最高となるほど近年増加傾向にあることが挙げられます。

このことからも大企業だけでなく、中小企業においてもM&A件数が増加していることがわかります。それゆえ、本書が想定するスモールM&Aについても増加傾向にあるものと推測されます。

3. スモール M&A の特徴

　以上のように、近年増加傾向にあるスモール M&A ですが、大企業を対象とする M&A とは異なる特徴があります。

　例えば、①スモール M&A において、特に売り手は、M&A 未経験であることがほとんどであり、M&A に関する経験・知見が乏しい傾向にあります。また、②スモール M&A は、対象となる事業が中小企業の経営者個人の信用・人柄その他の属人的要素に大きく影響される傾向にあります。さらに、③スモール M&A においては、M&A そのものに多額のコスト（特に M&A 専門業者や士業など専門家の手数料や報酬）を掛けられない傾向にあります。このうち②は、中小企業の価値のほとんどは、従業員や顧客との人間関係であるため、特に重要なポイントです。

　そのため、スモール M&A を実行するにあたっては、これらの点について十分配慮しながら、進めていく必要があります。

128 第 2 章 弁護士から見たスモール M&A による事業承継

Q 2-2 スモール M&A の具体的な流れ

スモール M&A の具体的な流れについて教えてください。

Answer

一般的な M&A は図のような順番で進んでいきます。スモール M&A でも同様ですが、すべてのプロセスを一般的な M&A ほど詳細にやらないことが多いです。特にデュー・ディリジェンスの作業量を減らすよう工夫するケースが多くなります。

全体の期間としては、詳細なデュー・ディリジェンスを行うのであれば数カ

スモール M&A のプロセス

```
┌─────────────────┐
│ ①バリュエーション    │
└─────────────────┘
         ↓
┌─────────────────┐
│ ②マッチング        │
└─────────────────┘
         ↓
┌─────────────────┐
│ ③交渉            │
└─────────────────┘
         ↓
┌─────────────────┐
│ ④基本合意         │
└─────────────────┘
         ↓
┌─────────────────┐
│ ⑤デュー・ディリジェンス │
└─────────────────┘
         ↓
┌─────────────────┐
│ ⑥最終契約締結      │
└─────────────────┘
         ↓
┌─────────────────┐
│ ⑦クロージング      │
└─────────────────┘
         ↓
┌─────────────────┐
│ ⑧ポストM&A        │
└─────────────────┘
```

月はかかりますが、マッチング相手が決まっている場合、マッチング相手が決まっているうえ、基本的な条件もおおむね合意できているような場合、デュー・ディリジェンスの対象を絞るような場合には、より短い期間でM&Aを実行することができます。

1. ①バリュエーション

バリュエーションとはM&Aの対象となる事業や会社の価値を算出することです。まずは、事業や会社そのものがどのくらいの価値があるのか（どのくらいの金額で売れるのか）を把握することになります。後述しますが、この段階ではざっくりとしたバリュエーションにとどめたり、そもそもバリュエーションをせずに、希望金額を前提にマッチング相手を探したりする場合もあります。

2. ②マッチング

M&Aの相手方（買い手または売り手）を見つけることです。M&Aでは、このプロセスが非常に重要であることから、仲介者・FA（フィナンシャルアドバイザー）を利用して相手を見つけてくることもあります。スモールM&Aの場面では、費用面から仲介者・FAを利用せず、マッチングのためのプラットフォームを用いることで、自ら相手を探すこともあります。

M&Aにおいては、事業承継等の場合で、事業や会社を売却すること及び売却相手があらかじめ決まっているケースもあり、その場合はすでにマッチングが成立していますので、バリュエーションやデュー・ディリジェンスを行うことで譲渡価格を詰めていくことになります。

3. ③交渉

マッチングにより見つかった相手と具体的な条件について交渉に入っていくことになります。交渉の過程で様々な情報を開示するため、交渉に先立って秘密保持契約を締結します。

4.　④基本合意

　当事者間の交渉により細かい条件はさておき、概ね条件合意に達した場合に、どういう手法をとるか（株式譲渡や事業譲渡など）、デュー・ディリジェンス前の時点の予定譲渡額、現経営者その他の役員・従業員の処遇、最終契約締結までのスケジュール、双方の実施事項や遵守事項、条件の最終調整方法等を盛り込んだ内容で、基本合意を締結します。

5.　⑤デュー・ディリジェンス

　買い手が、購入する事業や会社の実態について専門家による調査をするプロセスです。M&Aを実行した場合にどのようなリスクがあるのかを調査します。専門的な視点からの調査が必要となるうえ、詳細に検討をする場合はかなりの時間を要するため、M&Aの場面ではここで多額の費用（専門家費用）が掛かることになります。

　スモールM&Aの場面では、事業や会社の規模が小さいことから、仮にデュー・ディリジェンスが十分になされなかったことによって不測の事態が生じても、大きな損失にはつながらない場合もあります。そのような場合には、表明保証を活用するなどして、デュー・ディリジェンスの対象を重要事項に絞り、M&Aにかかる費用を減らすこともあります。

　また、株式譲渡の場合には、会社の債務なども含めて会社全部をそのまま引き継ぐので、より詳細なデュー・ディリジェンスをすべきといえますが、事業譲渡の場合には、引き継ぎの対象を選択できるので、その段階でリスクヘッジを行うことができ、デュー・ディリジェンスの対象を減らすことが可能になります。このようなこともあり、特に個人事業の譲渡など、小規模なM&Aの場合には事業譲渡が用いられることが多くあります。

　重要なことはリスクを見極めたうえで費用対効果の面でどこまでの費用をかけるのかを決定することといえます。

6. ⑥最終契約締結

　デュー・ディリジェンスを経て、適切な譲渡価格を算出し、また、その他の細かな条件を詰め、双方が合意できる段階になったら、最終契約を締結することとなります。

7. ⑦クロージング

　締結した最終契約に基づき、実際に権利の移転などを行うプロセスです。

8. ⑧ポストM&A

　クロージング後のプロセスです。M&A自体はクロージングにより終了しますが、M&Aの成功のためにはPMI（ポスト・マージャー・インテグレーションの頭文字をとったもの。）が重要です。PMIとは、M&A後の統合作業のことで、既存事業とM&Aにより取得した事業を統合する作業です。統合がうまくいかないと、M&Aを行うことにより期待した結果が得られないため、非常に重要なプロセスとなります。就業規則を統一したりすることのほか、社内用語の統一などの細かな点の統合も行います。

　このプロセスでつまずいてしまうと、そもそもM&Aをすべきではなかった、ということになりかねません。そこで、経営理念がマッチするか、労働条件の面で問題が生じないかなど、PMIが問題なく実行できるかについても考慮したうえでM&Aをおこなうべきかどうかを検討することが非常に重要になります。

9. スケジュール感

　一般的なM&Aであれば、数カ月以上かかることもありますが、スモールM&Aの場合、一部のプロセスを省略し、短い期間で成立することもあります。もちろんしっかりと検討することは重要ですが、時間をかければかけただけよいというものでもありません。柔軟に対応ができるように、M&Aをしようと決めてから準備をするのではなく、普段から事業価値を高めたり、コンプ

ライアンスを意識した透明性のある経営を心掛けることで、スムーズに M&A が行えるような経営を心掛けておくことが重要です。

第 2 章-1　事業承継と M&A　*133*

Q 2-3　買収会社の選定基準

スモール M&A で会社を買いたいのですが、何を基準に選べばいいでしょうか？

Answer

「シナジー」（相乗効果）の視点が重要になります。M&A をしようと思ったきっかけや MA の目的を出発点として、対象となる企業を買収した場合に、望むような結果が得られるかどうかを検討します。その際、単純に新規事業が加わるという足し算の考え方ではなく、買収した新規事業と既存の経営資源を組み合わせることにより単純な足し算以上の結果が得られるかどうかを検討すること（かけ算の考え方）が重要になります。なお、すでに買収先の候補が決まっている場合で、本当に買収すべきか、という判断にあたってもシナジーの視点は重要です。

シナジーがあるかどうかについては、個別のケースごとの判断になりますが、中小企業診断士などの外部専門家を活用することでより精緻な分析ができますので、そういったことも検討しましょう。

【解説】

1. 基本的な考え方

M&A というと大げさに考えてしまうかもしれません。もちろん、買い物の対象が企業であるがゆえに様々な難しい問題があるのですが、M&A とは「企業を買う」ということであり、シンプルに買い物の対象が企業であるだけであると考えることもできます。

例えば、「家電製品を買おう」と考えた場合、どのような機能があるかを確認し、価格がそれに見合ったものかどうか、と考えることになると思います。また、高機能であっても自分が求めている以上の余分な機能はいらない、その分安いほうがいい、と考えることもあります。

この「機能」がM&Aの結果として得られる効果だと考えてください。スモールM&Aを含むM&Aの場面でも、まずはM&Aをした場合の費用対効果を考えることになります。

2.　シナジーを考える

では、M&Aにより得られる「効果」とは何でしょうか。これは、M&Aをする目的によって変わってきます。多くの場合は、会社の売り上げや利益を伸ばすことが目的となると考えられます。その場合はシナジー、すなわち相乗効果という考え方が重要になります。単に売上高1億円の会社を購入するから売上高が1億円増える、と考えるのではなく、買収をした後で自社および買収先の経営資源を活用することでどれだけ売上や利益を伸ばすことができるか、ということを考える必要があります。すなわち、単純な足し算ではなく、かけ算の考え方が重要になります。

例えば、顧客は多いが設備投資などに消極的で、業務効率が悪い企業を買収し、自社のノウハウを注入したり、積極的な設備投資をしたりすることにより、業務を効率化し、買収した事業の利益を向上させる、といった取り組みが考えられます。この場合は、そのような業務改善の余地があるか、という点を十分に吟味する必要があります。

3.　多角化

多角化をするためにM&Aを行うことも考えられます。多角化は大きく分けて、自社の既存事業との関連が強い分野での多角化をする①関連多角化と自社の既存事業との関連が弱い分野での多角化をする②非関連多角化の2つがあります。

(1) 関連多角化

関連多角化の例は、飲食チェーンが他の分野の飲食チェーン事業を開始する例が挙げられます。居酒屋をチェーン展開している企業が、ラーメン店を

チェーン展開している企業を買収すれば、飲食店経営のノウハウを生かしたり、使用する食材の融通をきかせることでロスを減らすことが可能になります。

関連多角化の場合は、現在の事業と適合する分野であるため、成功の確率が高いというメリットがあります。

（2）非関連多角化

新型コロナウィルスの感染拡大などもあり、1つの事業に経営資源を集中させることはリスクである、と感じられた方も多いかもしれません。非関連多角化により、既存事業との関連が弱い分野に進出しておけば、ある事業での売上が減少しても、他の事業の売り上げでカバーすることができます。

大企業の例にはなりますが、ソニーは複合経営により、様々な事業に進出しています。ウォークマンなどのエレクトロニクス事業が有名ですが、金融や保険などにも進出しています。ソニーはエレクトロニクス事業が不振の時期は金融事業で売り上げの落ち込みをカバーし、ゲーム事業が不振となった時期はエレクトロニクス事業が好調で、売上の落ち込みをカバーしました。

このように、関連が弱い事業に進出する形での多角化も重要です。しかし、非関連多角化の場合であっても、既存事業とのシナジー、すなわち、既存の経営資源を生かすことができるか、という視点を持つことが重要です。

こちらも大企業の例にはなりますが、富士フイルムはデジタルカメラのレンズ技術を医療機器分野へ応用しました。デジタルカメラと医療機器はターゲットとする市場は全く異なるため、両者の関連は弱いですが、根底にある技術は共通しています。このように市場が異なる事業へ進出する場合であっても、既存の経営資源をどのように生かすことができるのか、という意味でシナジーの視点が重要になります。

4．買収相手が決まっている場合

以上の内容は主に買収相手が決まっておらず、これから選択する場合を想定していました。しかし、経営者の高齢化が社会問題となっている昨今、同業他

社から事業承継のための M&A で会社を買ってくれないか、と打診される例も増えています。この場合は、その特定の企業を買うか買わないか、という判断をすることになりますが、基本的な考え方はこれまで述べてきたものと同様です。

自社の既存の経営資源と買収相手となる企業や事業の経営資源により、どのようなシナジーが生じるのかを検討し、費用対効果の視点から購入すべきと判断ができた場合に購入することになります。シナジーを考慮しても価格が高すぎるようなケースなどは、価格交渉を行ったうえで購入することも考えられます。

5. シナジーを考えるにあたって

シナジーについては、自社のみで考えていると既存事業から離れることができず、新たな発想が生まれにくくなることも多いため、外部の知見を活用することは非常に有用です。また、M&A にあたり、シナジー以外の面でも本当に買収価格に見合う価値のある企業なのか、という判断が必要になります（そのための調査を「事業デュー・ディリジェンス」といいます）。そのため、中小企業診断士などの専門家に相談し、事業デュー・ディリジェンスの中でシナジーを検討してもらうことも有益です。

なお、中小 PMI ガイドライン（中小企業庁　2022 年 3 月）においては、シナジーの具体例が豊富に記載されていますので、そちらを参照することも有用です。

6. まとめ

以上をまとめると以下の図のようになります。

Q 2-4　事業承継での M&A 活用

> 当社は事業承継を考えているのですが、M&A を活用することもできるでしょうか？

Answer

経営者の親族や従業員以外の第三者に会社を引き継がせる第三者承継の場面では M&A が活用されます。近年はこの第三者承継のケースも増えていますので、事業承継の選択肢として視野に入れておくべきです。

事業承継の場面では、親族や従業員に承継させる場合と、それ以外の第三者に承継させる場合でやるべきことの多くは共通しているので、第三者に承継させる決断をすぐにしなければならない、ということではありません。まずは事業承継に着手をして、それから最終的な方針を決めるということも考えられます。

【解説】
1．事業承継について

近年、経営者の高齢化が社会的に問題視され、「事業承継」という言葉が広く浸透してきました。

事業承継は、まず、親族が次期経営者となる親族内承継と親族以外の者が次期経営者となる親族外承継の 2 つに大きく分けられます。そのうえで、親族外承継については、従業員が次期経営者となる形での従業員承継と M&A により会社を売却し、これまで会社とは無関係の者が次期経営者となる第三者承継に分けられます

以上をまとめたのが下記の図になります。

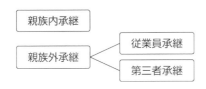

138　第 2 章　弁護士から見たスモール M&A による事業承継

このように、事業承継においても第三者承継という形で M&A が活用されることがあります。なお、厳密には社長の親族や従業員が会社の株式を購入して会社を継ぐことも M&A ということはできますが、ここでは説明の簡略化のため第三者承継の場合に限定して説明します。

2.　M&A による事業承継が選ばれる理由

では、どのような場合に事業承継の手段の中から M&A による第三者承継が選ばれるのでしょうか。

多くの場合は、自分の子どもに会社を継がせたくない、あるいは継がせるべきではない、そのうえ、従業員にも適切な人物がいない、というケースで従業員の雇用を守る目的で M&A による事業承継が選択されます。

70 代後半あるいは 80 歳を超えてもバリバリ働いている社長さんに、「社長の後継者については何か考えはありますか？」と尋ねても、「後継者として認められるようないい人材はいないし、かといって今やめると従業員が路頭に迷ってしまうので、なんとかしないと、とは思うけどそのままになってしまっている。」という回答が返ってくることがよくあります。

このような後継者候補はいないが会社や事業を残して雇用を守りたいというケースでは、最終的に、社長が M&A を決断することも多くなっています。

また、大企業が取引先としている中小企業に対し、「急に社長が倒れて、明日から対応できないなんてことになると困る」などとして、大企業側から M&A や事業譲渡を持ち掛けてくるというケースもあります。この場合は、従業員にとっても大企業のグループ企業に入ることができるというメリットがあります。

ほかにも、事業としての価値が高い場合には、広く購入者を募ることでより高額での売却が期待できるので、現経営者のリタイア後の資金確保のために M&A の形で広く購入希望者を募り、より高額での売却を目指すこともあります。

3．M&Aによる事業承継の増加

　近年は、スモールM&Aが増加してきたこと、会社は子供が継ぐべきだという価値観が薄まり、むしろ「子供にはこんなに大変な思いをさせたくない」と考える人が増えてきたことなどもあり、経営者のM&Aへの抵抗感が薄れてきたと感じられることも増えてきました。

　帝国データバンク　全国企業「後継者不在率」動向調査（2023年）によると、親族内承継の割合が減少し、内部昇格の割合が親族内承継の割合を上回るとともに、M&A等で第三者に会社や事業を売却する形での事業承継が増えつつあります。

4．M&Aを決断する時期

　では、事業承継をM&Aで行う（第三者承継にする）と決断するのはいつごろまでにするべきなのでしょうか。

　実は、親族内承継や従業員承継の場合であっても、最終的な株価を上げるか、下げるか、という技術的な面は異なりますが、事業の価値そのものを高めるという点では共通です。

　親族内承継や従業員承継の場合には、後継者の株式取得の負担を減らす、という観点からは会社の株価は低い方が良いという面もありますが、それは承継時にある程度調整をすることが可能です。それよりも、そもそも親族や従業員が「ぜひ、引き継ぎたい」と考えるような魅力ある企業にしなければ、承継を決断してくれません。

　一方、第三者承継のためのM&Aであれば、株価を高めることで、社長が会社を手放してリタイアした後の生活資金を多く得ることにつながります。

　このように、事業承継という観点からすれば、どの方法をとるにせよ、やるべきことは基本的に事業価値を高める、ということになります。詳細な説明は別のQにて行いますが、具体的には、事業の「見える化」と「磨き上げ」を行うことになります。

　そして、当初は会社を引き継ぐのを渋っていた親族や従業員も、「磨き上げ」

がうまくいった結果、非常に魅力ある事業を行っていると感じることができれば、「やっぱり自分が会社を継ぎたい」と考えが変わることもあり得ますし、実際にそのようなケースもよく耳にします。

　そのため、親族内承継にするか、従業員承継にするか、M&Aにより第三者承継をするかどうかについては、今すぐに決めなければならない、というものではありません。現経営者が○年後にはリタイアをする、と決断したときに、決定すればよく、事業承継までまだ時間があるのであれば、まずは、今の会社の事業の価値を上げていくことに注力すべきことになります。

5. まとめ

　前記したように最終的な決断は、いよいよ現経営者が引退をする、となった段階でも大丈夫です。一番やってはいけないことは、決められないからと事業承継への着手を先延ばしにすることです。急に社長が倒れてしまい、会社が回らないとなってしまうのが一番周囲の人に迷惑をかける結果となってしまいます。

　まずは、自らの引退時期を決め、その日に向けて事業の「見える化」「磨き上げ」を計画的に進めていきましょう。最初から後継者候補が決まっている必要があるわけではありませんし、一度M&Aの方法で売却しようと考えたけれど、後日やはり親族内承継や従業員承継に切り替える、ということでも全く構いません。もちろん、その反対でも問題ありません。大切なことは、M&Aも視野に入れつつ会社の事業価値を高めておくことにより、事業承継の選択肢を増やしておくことになります。

第2章-1 事業承継とM&A　*141*

$\mathbf{Q}$ 2-5　まず、引退後のビジョンを決める

　数年後には社長を引退したいと思っているのですが、M&Aによって会社を売るべきか、それともそれ以外の方法によるべきか、どのように判断すればいいのでしょうか。

Answer

　まずは、社長を引退して何をしたいのか、リストアップしてみましょう。そのうえで、中小企業診断士や税理士、弁護士などの専門家に相談をして、リストアップした引退後のビジョンを実現するためにどのような方法が考えられるのか検討することになります。

　また、後継者がいなければ、廃業するか、M&Aにより第三者に会社を売却するしかありません。そのため、引退後のビジョンのほか、後継者候補がいるかどうかも重要な判断基準となります。

【解説】

1. リストアップ

(1) 引退後のビジョン

　社長を引退するという大きな決断をしたのであれば、決断をするだけの理由があるはずです。まずは、なぜ社長を引退しようと思ったのか、率直な思いを書き出してみてください。

　そして、何かやりたいことがあるから引退をする、ということであればそのやりたいことをリストアップしてください。反対に、何かやりたいことがあるわけではないけれど、年齢も年齢なので一線を退こうと思う、ということであれば、引退後に何をしたいのかを考えて、リストアップしてください。さらにもう1つ、自分が引退した後の会社はどのようになってほしいかについてもリストアップしてみてください。

　①引退を決意した理由、②引退後にやりたいこと、③引退後に会社はどう

142　第２章　弁護士から見たスモール M&A による事業承継

なってほしいかの３つをリストアップすることになります。

　このリスト作成時の注意点は、この時点で実現可能性を考える必要はないということです。率直にやりたいことは何なのか、社長を引退した自分はどのような人生を送りたいのか、自分がいなくなった後の会社は将来のビジョンを明確にしましょう。新しく事業を興してみたい、若い経営者にアドバイスをしたい、夫婦水入らずでゆっくり過ごしたいなど何でも構いません。

　まずは、リストアップすることが重要です。リストアップした内容の実現可能性は、専門家に相談をするという次のステップで判断することになります。

（2）後継者候補のリストアップ

　本 Q は、引退後のビジョンを実現するためにはどうすればよいか、という内容になりますので、M&A のみに絞られた質問というよりは、いわゆる事業承継に関する Q となります。

　事業承継の際の選択肢としては M&A で第三者に会社を売るということももちろん考えられますが、第三者への M&A 以外にも子どもや従業員に会社を継いでもらうという方法も考えられます。どの方法を選ぶかについては、後

①引退を決意した理由	
②引退後にやりたいこと	
内容	理由
③引退後に会社はどうなってほしいか	
内容	理由
④後継者候補	
氏名	後継者になる見込みの有無と後継者候補とした理由

継者候補がいるかどうかが重要になるので、前記リストの①から③に加えて、④として後継者候補として考えられる人物をリストアップしてください。その際、本人のやる気やスキル、後継者になる可能性がどの程度あるのか、という点も併せて記載しましょう。

具体的には、前ページの図のようなメモを作成することになります。

2. 支援機関への相談

そして、具体的にどのような選択をするかについては、リストアップされた内容を前提に、引退後のビジョンを実現するために最も適切な方法を、専門的な観点から検討したうえで決めることになります。

専門家への相談の際に、作成したリストを持参して相談すると考えがクリアになります。そして、専門家のアドバイスをもとに、実現可能性などを検討し、リストの内容をさらに精査し、完成度を高めていきます。

3. 具体例

(1) 例えば、以下のようなケースで考えてみます。

①引退を決意した理由	
長年仕事ばかりで疲れてしまったので、体が元気なうちにやめたい	
②引退後にやりたいこと	
内容	理由
妻と海外旅行などを楽しみたい	家庭も顧みずに仕事ばかりだったので、引退後は妻とゆっくり過ごしたい。
③引退後に会社はどうなってほしいか	
内容	理由
「こうなってほしい」という考えはない。	引退後は、継いでくれた人に任せて口を出す気はない。
④後継者候補	
氏名・関係性	後継者になる見込みの有無と後継者候補とした理由
息子	銀行で働いていて経営に関する数字については明るい。 ただ、会社を継ぐ意思がないので、後継者になる可能性は低い。

144　第2章　弁護士から見たスモール M&A による事業承継

　このケースであれば、仕事や会社に未練はなく、海外旅行に頻繁に行けるくらいの経済的余裕をもって引退をしたい、ということになります。

　そうであるならば、後継者候補がいるかいないかに関わらず、広く買い手を募り、M&A の方法で少しでも高く会社を売却すべき、という選択肢が考えられます。

(2) 次に以下のようなケースでも考えてみましょう。

①引退を決意した理由	
従業員を路頭に迷わせないようにと思いがんばってきたが、７０歳を超え、健康上の不安もあるので引退したい。	
②引退後にやりたいこと	
内容	理由
出身地の田舎に引っ越してのんびりしたい。	上京して頑張ってきたが、静かなところでのんびりしたい。
③引退後に会社はどうなってほしいか	
内容	理由
これまで通りしっかりと質の高い仕事を継続してほしい。	お世話になった取引先に迷惑をかけたくない。
④後継者候補	
氏名・関係性	後継者になる見込みの有無と後継者候補とした理由
専務（血縁関係なし）	当社で社長の右腕として２０年勤務してきた。会社を継ぐ意思もある。

　このケースでは、後継者候補である専務に会社を承継してもらうことが考えられます。昔から会社を知っている役員や従業員が社長になるのであれば、社長交代による変化も大きくはなく、これまで通り質の高い仕事を継続することで、取引先に対しても社長の交代により迷惑をかけずに済む可能性があります。

　社長の引退後のビジョンについては、多額の金銭が必要となるようなものではないので、株価を抑えつつ、専務に会社の株式を売却する形での事業承継が考えられます。

4. まとめ

　このように、引退後のビジョンと後継者候補がいるかどうか、という点から、どのような手段を選択するかが決まります。

　専門的な視点の重要性はもちろん、第三者の立場から的確な意見をもらえる可能性もありますので、リストアップ作業によって考えを整理したうえで、ぜひ支援機関に相談をするようにしてください。

Q 2-6 譲渡後も経営に携わりたい

会社を売った後も売った会社の経営に携わりたいのですが、できますか？その場合、報酬はどのようになるのでしょうか？

Answer

会社を売った後も売った会社の経営に携わることは可能です。実際にそのような例も多くあります。通常は、会社の売却の際の条件として提示し、その条件を承諾してくれる相手と買収交渉を行うことになります。報酬についても買収交渉時に条件として提示し、あらかじめ合意し、買収完了後に正式な手続きを経て決定することが重要です。

なお、実際には買収後もずっと経営に携わるというケースは多くはなく、あらかじめ2、3年程度と決めてあったり、買収後に事業が安定した段階で退任するなどのケースがほとんどです。

【解説】

1. 取締役の選任及び報酬について

法律上、取締役の選任は、株主総会の決議によることとなっています（会社法第329条第1項）。取締役の報酬は、定款で定めるか、株主総会決議で決定することとされています（会社法第361条第1項柱書）。通常は定款で定めることはありませんので、手続き上は、株主総会決議により取締役の報酬を決めることになります。

法律に従った正しい決め方は、このように株主総会を開催し、そこで取締役として選任し、さらに取締役としての報酬額を定めることになります。なお、取締役が複数いる場合は株主総会では総額のみを決めればよいので、決められた総額内でどのような配分にするかについては、取締役会で話し合って決めたり、他の取締役が代表取締役（社長など）に一任することも可能です。また、一度決めてしまえば、変更の必要がない限り株主総会決議の効力は維持されま

すので、毎年の定時総会で報酬を決めなおさなければならない、ということではありません。

2. M&A による譲渡前の状態

　会社ごとに社長が何%の株式を保有しているかは異なりますので、一概には言えませんが、多くの中小企業では、社長が株式の過半数以上を自ら保有するか、あるいは、社長に協力的な株主で過半数以上の株式を保有していることが多いと思います。

　その場合は、法律上も社長自身が、自らを社長として選任して、自分の報酬額を決定できることになります。

3. M&A による譲渡後の状態

　M&A により会社を譲渡した場合、株式譲渡の場合には、基本的に株式の100％が買い手に譲渡され、事業譲渡の場合では買い手の社長や社長に協力的な人物が過半数の株式を保有していることが多いと考えられますので、誰を取締役に選ぶか、報酬額をいくらにするかについては、新株主である買い手が決めることになります。また、いったん選任しても途中で解任したり、任期が切れたので再任をしないと判断することも可能になります。

　そのため、会社の売却後も社長として会社の経営に携わることができるかどうかは買い手の意向次第となります。

　もっとも、小規模な企業を対象としたスモール M&A の場面では、企業の収益力が社長の属人的な要素に依存しているケースも多くあります。例えば、社長が営業力に優れるため、取引先の多くが維持されているというようなケースや、社長が技術力に優れた人材であるので、その技術力が高価格を実現している、といったケースもあります。

　そういった場合に、経営者が突如変わってしまうと、これまでの取引関係がなくなってしまったり、新技術が生み出せなくなり会社の成長が止まってしまうことも予想されます。そこで、M&A による会社の売却後も、現在の経営者

にそのまま残って引き続き業務を続けてほしい、というニーズはあります。

これまでの説明をまとめると以下の図のようになります。

原則
・取締役は株主が選任（会社法３２９条第１項） ・取締役の報酬は株主が決定（会社法３６１条第１項柱書）

M&A前*1		M&A後*2
・社長の意向に沿って決定できる		・買い手が決定する

   *1　社長または社長に協力的な人物が過半数の株式を保有しているケースを想定
   *2　株式譲渡による場合：１００％の株式が相手に移転するケースを想定
      事業譲渡による場合：買い手の社長または社長に協力的な人物が過半数の株式を保有しているケースを想定

4．具体的な流れ

　M&A後に会社に残る場合の具体的な流れですが、売り手側が継続して経営に関与したい場合には、そのことを条件に買い手を募集することが考えられます。また、退任する意向であっても、買い手側が社長にそのまま残ってもらうことを希望する場合もあります。その場合は、事前にM&A後もそのまま会社に残ってくれませんか、といった話がされるのが一般的です。

　以上のように、どちらが希望する場合であれ、M&Aの成立前にM&Aの成立後も前経営者が経営に関与するのか、報酬額はどうするか、について事前に双方で合意をし、そのうえでM&Aが進められることになります。

　M&A後の前経営者の経営への関与について、明確に合意をしなかったために、双方に認識の相違があり、トラブルになる例もありますので、もし、相手から前経営者が引き続き経営に関与するのかどうかについての具体的な話がない場合には、きちんとどのように考えているのか（引き続き経営に関与する場合はどの程度の期間経営に関与することを想定しているのかも含む）を確認したうえで、しっかりと合意するようにしましょう。

5. 買収後も経営に関与し続けることを希望する場合の注意点

会社の売却に際し、社長がM&A後も会社に残ることを条件として買い手を探す、といった方法をとることはもちろん可能ですが、その場合は、買い手側からすると、経営者を変えるかどうかの選択肢が失われてしまうため、買取に二の足を踏んでしまう可能性があります。経営者の交代もあり得る、ということを前提に、可能であれば残ることを希望する、といった程度の条件で相手方を探した方が買い手は見つかりやすくなりますので、どれだけ譲れない条件として設定するのかも重要となります。

また、仮にM&A後も現社長を社長として選任することを約束したところで、その約束を破って他の者を社長に選任しても、その選任自体は法律的には有効で、あとは損害が発生していれば損害賠償の支払いなどの金銭的な問題になるだけです。そのため、100％社長として会社に残ることが保証されるわけではないことにも注意が必要です。

そこで、約束が反故にされないように、約束違反の場合にペナルティを設けるなどの合意をしたうえ、単なる口約束ではなく、ペナルティを含めた合意内容を書面化しておくことが重要となります。

6. まとめ

以上のように自らが社長として残ること自体は可能ですが、実際は買収後の企業を安定させるためにつなぎで数年間程度残ってもらうという程度であることが実情です。そのような実情も踏まえたうえで、M&Aをするのかどうか、どのくらい譲れない条件として設定するのかを検討しましょう。

第 2 章-2
スモール M&A の活用と課題

Q 2-7 仲介者や FA の利用と選定

M&A をするにあたって、仲介者や FA（フィナンシャル・アドバイザー）を選定する場合とそうでない場合の違いやその判断基準について教えてください。

Answer

仲介者と FA はどちらも M&A のスキーム（実行プロセス）の立案からクロージング（成立）まで、M&A 全般にわたりアドバイスを行うのが一般的ですが、中心となるのは売却先や買収の対象となる企業の選定、価格決定についてのアドバイスなどです。そのため、M&A の相手（売却先、買収対象となる企業）が決まっており、買収価格についてもある程度目途が立っている場合などは、選定が必須とまではいえません。実際に、スモール M&A では、買収価格が低額なことも多く、費用を安く抑えるために、仲介者や FA を選定しないケースも多くあります。

もし、右も左もわからない、という状況であれば、事業承継・引継ぎ支援センターにまず相談してみる、という方法も考えられます。

【解説】
1. 仲介者・FA の役割

仲介者・FA（フィナンシャル・アドバイザー）のいずれも、法律で定められた定義などがあるものではありませんが、ここでは中小 M&A ガイドライ

ン（中小企業庁 2020 年 3 月公表、2023 年 5 月改訂）における定義に従って説明します。

M&A における仲介者とは、買い手・売り手の双方との契約に基づいて、M&A の相手方の紹介や M&A の手続進行に関する全般的な支援を行う者をいいます。FA は、仲介者と同様の業務を買い手または売り手の一方との契約に基づいて行う者をいい、両者の違いは、買い手と売り手の双方と契約するのか、一方のみと契約をするのか、ということになります。

仲介者においては、買い手と売り手の双方に助言を行うことになるため、利益相反の問題が生じやすいというデメリットがある反面、両者の事業内容を理解しているため、両者間での意思疎通が円滑になり、事業譲渡手続をスムーズに進めやすいというメリットがあります。

FA の場合は、一方当事者のみとの契約であるため、一方当事者の利益の最大化を目指しやすく、譲渡価格の最大化を図りたい場合（特に債務超過企業の M&A の場合など）などに有効です。

仲介者・FA は、コンサルティング会社、銀行、証券会社などの会社のほか、公認会計士、中小企業診断士、弁護士などが務める場合もあります。業務内容、業務範囲や報酬額などは契約により個別に定められます。

2．報酬体系

一般的には、相談料（無料～数百万円）、着手金（無料～数百万円）、中間金（成功報酬の 10 ～ 30%）、月額報酬（リテイナーフィー）（30 ～ 200 万円）、成功報酬（譲渡価額額に一定の料率を掛けるレーマン方式が一般的）などありますが、最近では M&A が成約した際の成功報酬のみの「完全成功報酬型」や、スモール M&A を前提に、各種報酬の金額を下げている業者も現れています。

その他、レーマン方式を前提としつつ最低手数料が定められていたり、交通費等の手数料以外の実費の支払いが求められることもありますので、必要な費用については、契約時にきちんと確認しておく必要があります。前記中小 M&A ガイドラインでは、費用の具体例なども紹介されています。

3. 選定する場合としない場合の違い・選定するかどうかの判断基準

以下、M&A を大きく4つの場合に分けて考えます。

(1) ケース①：相手方・価格の目途が立っている

大筋について方向性が定まっているため、弁護士による法務面でのチェックなどを受けたり、税理士・会計士などに価格の妥当性や税法上の問題の有無を確認すれば足り、仲介者やFAを選定する必要性は低くなります。

(2) ケース②：相手方の目途は立っているが価格の目途が立っていない

企業価値や事業価値の評価（バリュエーション）に関するアドバイスを受けるために、仲介者・FAを選任することが考えられます。なお、バリュエーションについては、税理士や公認会計士に依頼することもあります。

(3) ケース③：相手方の目途は立っていないが価格の目途が立っている

バリュエーションがすでになされていたり、希望売却価格が決まっている場合など、買収価格について一定の目途が立っていることもあります。

この場合は、マッチングを依頼する目的で仲介者やFAを選任することが考えられますが、近年、M&Aプラットフォーマーと呼ばれるインターネット上でマッチングを行う業者なども現れているため、FAや仲介者を選任せずにM&Aプラットフォーマーを利用することも考えられます。

マッチングについては、依頼した仲介者やFAがうまくマッチング相手を見つけられなかった場合に、契約により他の業者に依頼してはならないという専任条項が設けられている場合もあるため、仲介者やFAとの契約内容についても注意を要します。

(4) ケース④：相手方・価格の目途が立っていない

自社でM&A経験があり、アドバイスが不要というようなケースでないのであれば、仲介者・FAの選定によりアドバイスを受けながら進めていくこと

をお勧めします。マッチング相手が見つけられなかった場合に関する注意点は前記（3）と同様です。

4. 登録支援機関

　中小企業のM&Aにおいては、適切な仲介者やFAの選び方に関する知識や経験に乏しく、仲介者やFAを選ぶことができずにM&Aが進まない、という問題があります。特に仲介者は、前記したように買い手と売り手の双方にアドバイスを行うため、利益相反が起きやすくなるという問題もあります。

　そこで、中小企業庁が、仲介者・FAについて登録制度を設けました。登録の要件として、中小企業庁発行の中小M&Aガイドラインの遵守の宣言を要求することにより、適切なアドバイス業務がなされることを促進しています。

　この登録支援機関を利用することで、M&Aを行う際の専門家費用について補助金の交付を受けられるなどの特典が得られるようになっています。

　登録支援機関を選べば問題ない、という単純な話ではありませんが、仲介者やFAを選任するにあたり、登録支援機関かどうかは1つの目安となると考えられます。また、「M&A 支援機関登録制度」のホームページ（https://ma-shienkikan.go.jp/）では、同制度に登録された仲介業務またはFA業務を行う支援機関のデータベースを提供されていますので、こちらを参考にするとよいと考えられます。

　M&Aも選択肢として考えてはいるが、右も左もわからない、という場合であれば、事業承継・引継ぎ支援センターは、経済産業省の委託を受けた都道府県商工会議所や県の財団等が実施する事業に基づく組織ですので、とりあえず

	相手方の目途	価格の目途	選任の必要性	備考
①	○	○	×	アドバイスを受けたい事項があれば選任
②	○	×	△	税理士・会計士への相談も考えられる
③	×	○	△	プラットフォーマーの利用も考えられる
④	×	×	○	選任すべき

そちらに相談をしてみる、ということも考えられます。

以上の内容をまとめたのが前ページの図となります。

5. その他注意点

FA・仲介者を選定したものの、セカンド・オピニオンを求めたいということもあります。FA・仲介者との契約内容（通常は秘密保持に関する条項）により、セカンド・オピニオンを取得するための情報提供が禁じられることがあるため、そのような契約になっていないか、という点にも注意が必要となります。

第 2 章-2　スモール M&A の活用と課題　　*155*

$\mathbf{Q}$ 2-8　M&A に掛かる費用

> 　新規事業進出のため、M&A による会社の買収を検討しているの
> ですが、やはり高額の費用が掛かってしまうのでしょうか。

Answer

　M&A に高額な費用が掛かる理由は専門家費用や仲介手数料などです。これ
らの費用が高額であるために事業の規模が小さいケースでは M&A をするこ
とが難しくなってしまうこともあり、最近では、様々なサービスが提供され、
うまく活用することで費用を抑えて M&A を実現することが可能になってい
ます。

　具体的には、表明保証条項を活用したりするほか、M&A プラットフォーム
を利用して自分で買収相手を見つけることで仲介手数料を節約するなどの方法
をとることができるようになってきました。

【解説】

1．最近の動向

　M&A においては、高額な費用がかかるというイメージをお持ちの方も多い
のではないでしょうか。実際に高額の費用が掛かるケースも多いのが実情です
が、最近はスモール M&A が注目されつつあることもあり、費用を比較的低
額に抑えて M&A を行うことも増えつつあります。

2．M&A に掛かる費用

　M&A に多額の費用が掛かる理由は、専門家の関与が必須であるという点に
あります。税金の計算をしなければ、M&A により得られる利益の予測を事前
に立てることもできないため、税理士への相談は重要ですし、M&A 成立後に
法律的なトラブルが発生する可能性があるかどうかをあらかじめチェックする
には弁護士への相談が重要です。また、自分たちだけで購入希望者見つけるこ

とが難しい場合には、仲介者やFA（フィナンシャルアドバイザー）を選任し、仲介手数料を払う必要があることもあります。

このように、M&Aにかかる費用の大半は、専門家費用や仲介手数料が占めます。

3. 費用を抑える方法

例えば、譲渡価格が300万円のM&Aを成立させた場合に、費用が300万円かかるとしたら、M&Aをするメリットがなくなってしまい、手間がかかるだけだから結局何もしないほうがまし、ということになりかねません。実際にそういった判断をしてM&A自体を断念するケースもあります。しかし、最近はスモールM&Aのように、小規模のM&Aも可能にするため、様々な工夫がなされています。

(1) デュー・ディリジェンスの対象を絞る

M&Aにおいては、一般的にデュー・ディリジェンスという手続きが行われます。これは、M&Aを行うにあたり、対象となる企業や事業の価値やリスクなどを調査することを指します。詳しくは後述しますが、財務的に問題がないかという観点での財務デュー・ディリジェンス、事業そのものに十分な価値があるかという観点での事業デュー・ディリジェンス、法律的な問題や紛争を抱えていないかという観点からの法務デュー・ディリジェンスなどがあり、それぞれ、税理士または会計士、中小企業診断士、弁護士などの専門家に依頼して行われます。

このデュー・ディリジェンスは対象となる企業ごとに行われるものであり、個別性が強いため、どうしても作業に時間がかかるとともに、専門的な観点からの作業が必須なので、費用が高額になりがちです。大企業が社運を賭けた大規模買収を仕掛ける、というのであれば、当然慎重かつ徹底的な調査を行うことになりますが、調査の対象が増えれば専門家費用も多額となるため、買収額がさほど高額にならないスモールM&Aの場合では、デュー・ディリジェン

スに費用をかけすぎると費用倒れになりかねないことになります。

そこで、デュー・ディリジェンスの範囲を絞ることで専門家の作業量を減らし、費用も安く抑えるという方法が考えられます。

しかし、この方法は、結局デュー・ディリジェンスの範囲を絞るため、デュー・ディリジェンスの対象から漏れたところからトラブルが発生するリスクは残ってしまいます。そのため、費用とリスクを天秤にかけることとなります。

(2) M&A プラットフォームを利用する

M&A プラットフォームとはインターネットのサイトを利用することで、仲介者や FA に依頼することなく、自分で M&A の相手方を探すことができるサービスです。

費用がどの程度かかるかは様々ですが、自らの手でマッチング相手を探すことになるため、通常は、仲介業者に紹介を依頼するよりも安い利用料で済ませることができます。

4. 表明保証条項の活用

実際の M&A の場面では「表明保証条項」という条項が広く用いられています。これは、相手方に「○○という点については××である。」と表明させるとともに、その表明にうそはないということを保証させたうえ、違反があった場合には契約解除や損害賠償などのペナルティを設ける契約条項のことです。このような規定を設けることで、売り手の企業がうそをつきにくくなります。

しかし、いくら表明保証条項を入れたとしても、うそをつかれる可能性をゼロにはできないこと、うそがわかり、表明保証条項違反だと主張して契約解除を求めようとしても、もう M&A の実行から時間が経ってしまっており、今さらになって契約を解除して元の状態に戻すわけにもいかない、ということもあり得ます。

158　第2章　弁護士から見たスモールM&Aによる事業承継

　このように、表明保証条項は有効な手段の1つではありますが、万能とはいえません。

5.　その他に活用できる制度

　詳細は別のQにて述べますが、中小企業を対象に様々な補助金があり、その中にはM&Aのための専門家費用が対象となるものなど、スモールM&Aに活用できるものもあります。補助金申請については中小企業診断士が得意とする分野でもありますので、中小企業診断士に相談するなどして活用できる補助金がないかを検討することも、費用を抑えるうえでは重要になります。

6.　まとめ（一覧表）

M&Aにかかる費用の例	費用を抑える方法
● マッチングに関する仲介手数料 ● デュー・ディリジェンスのための専門家費用 ● その他各種専門家費用 　・ 株式譲渡契約・事業譲渡契約などの契約内容 　　の検討のための弁護士費用 　・ 税金に関する相談のための税理士費用 　・ バリュエーションのための公認会計士費用	● M&Aプラットフォーム ● 表明保証の活用 ● 各種補助金

第 2 章-2　スモール M&A の活用と課題　*159*

Q 2-9　M&A に係る企業の売買価格

　会社を買ったり売ったりする時の価格はどのように決まるので
しょうか？　営業利益の 3 年分などざっくりした値付けでもよいの
でしょうか。

Answer
　通常は、バリュエーションという作業を行って、現在の会社の金銭的価値を
算出します。バリュエーションにより算出された金額を前提に、交渉を経て最
終的な譲渡価格が決まります。

　バリュエーションについては様々な方法があり、どの方法も一長一短である
ため、会社の金銭的価値が 1 つの数字として明確に決まるわけではありませ
ん。バリュエーションにより算出された価格を参考にして、双方が納得できる
金額で合意することになります。

【解説】

1.　バリュエーションとは
　M&A により譲渡される会社または事業の価値を算出する手続きをバリュ
エーションと言います。

　M&A においては、バリュエーションを行って参考となる価格を算出したう
え、売り手と買い手の間での交渉を経て、譲渡価格が決まるのが通常のプロセ
スとなります。なお、債務超過会社であれば価値がないものとして 1 円での譲
渡がなされたりすることもあります。

　バリュエーションには様々な方法がありますが、有名なものとしては、①簿
価純資産法、②時価純資産法、③類似会社比較法（マルチプル法）、④ DCF
法（ディスカウンテッド・キャッシュフロー法）などの方法があります。以
下、説明しますが、分かりやすさを重視し、あえて簡便な説明としていますの
で、正確かつ詳細な内容が知りたい方は別途文献等を参照するようにしてくだ

さい。

どの方法も一長一短があり、ケースごとにどの方法によるのが最適なのかが異なりますので、専門家に相談をしつつ、自らの立場から有利な方法（買い手であれば安く算出する方法、売り手であれば高く算出する方法）により、金銭的な価値を算出することが一般的です。

また、特に①の簿価純資産法以外では、会計の専門的な知見による判断が必要となることが多いので、税理士や公認会計士に算出を依頼することが通常です。

2. バリュエーションの方法

(1) ①簿価純資産法

買収対象となる企業の貸借対照表における純資産が会社の金銭的価値であると算出する方法です。

メリットは非常に簡便であること、分かりやすい数字で納得が得やすいことですが、デメリットは、帳簿価格が時価と乖離している場合や簿外債務がある場合などに適切な金額とならないこと、対象となる会社や企業が将来的に生み出す利益が反映されないことです。

簡便な手法であるため、専門家費用をできるだけ抑えたいスモール M&A の場面では、会計士や税理士によるバリュエーションをせずに、この手法が用いられることもあります。

しかし、中小企業では、バブル期に買った高額の不動産の簿価が購入時の価格のままとなっていて非常に高額な金額で記載されていたり、未払残業代が計上されておらず、簿外債務が存在するなどの問題があることが多く、帳簿上の価格に適切に会社の価値が反映されていない可能性があるというリスクがあります。

(2) ②時価純資産法

①簿価純資産法の簿価を時価に評価しなおして金銭的価値を算出する方法で

す。

　メリットとデメリットは①簿価純資産法と共通する点が多いですが、簿価純資産法よりも適切な金額になりやすい反面、時価に評価しなおすために簡便さという点が後退し、専門家費用もかかってしまいます。すべての財産の時価評価をすることは非常に手間も時間もかかるため、不動産や有価証券などの比較的時価が把握しやすい資産に限って時価評価をし直す「修正簿価純資産法」という方法もあります。

（3）③類似会社比較法（マルチプル法）

　買収の対象となる会社に類似した上場会社の株価を参考にする方法です。上場会社の株価をそのまま当てはめるのではなく、詳細な説明は省略しますが、上場企業の株価を前提に一定の計算式により算出された価格とします。

　メリットとしては、ある程度実態を反映した価格を算出できることですが、デメリットとしては、スモールM&Aの対象となるような小規模な企業では上場会社を参考にしても適切な価格を算定しにくい他、やはりこの方法でも専門家費用が掛かってしまいます。

（4）④DCF法（ディスカウンテッド・キャッシュフロー法）

　評価対象が将来獲得するであろうと予測されるフリーキャッシュフロー（会社が事業活動で稼いだお金のうち、自由に使える現金）を、現在の価値に引き直して企業価値を算出する方法です。

　会社が将来生み出す金銭をもとに計算しているため、将来的な事業価値も買収価格に反映できるという点がメリットですが、専門家による判断を必要とする点、計画通りに事業がうまくいくかが不透明である点はデメリットとなります。

162　第2章　弁護士から見たスモール M&A による事業承継

(5) まとめ

方法	メリット	デメリット
簿価純資産法	・簡便 ・納得しやすい ・専門家費用が抑えられる	・帳簿価額が適切でない場合がある ・簿外債務のリスク
時価純資産法	・納得しやすい	・簿価純資産法よりも複雑になり、専門家費用もかかる
類似会社比較法	・実態を反映した数字になりやすい	・スモール M&A の場合には上場企業は参考にしにくい
DCF法	・将来的な事業価値も反映できる	・専門家費用がかかる ・計画通りにいくかどうかは不確実

3. スモール M&A において適切と考えられる方法

スモール M&A では、買収の対象となる会社や事業の規模が小さいことが多いので、専門家費用をあまりかけられないケースが多くあります。

そのため、まずは簿価を参照し、その中で評価をし直すのが妥当と思われる資産をピックアップし、当該資産についてのみ時価評価をしなおす、といった方法が適切となることが多いと考えられます。また、事業の価値を適切に反映させるため、そこに数年分の税引後利益または経常利益を加算するという方法もよく行われています。

専門家費用をどうしてもかけたくないという場合であれば、表明保証条項を用いて、簿外債務がのちに見つかった場合には、その簿外債務相当額を損害賠償金として支払う、という合意をしてリスクヘッジをすることも考えられます。

なお、M&A の仲介会社などでは、簡易な方法でバリュエーションを行い、譲渡価格の目安を示してくれるサービスなどもあります。

4. まとめ

前記したように、バリュエーションはあくまで M&A における参考価格を算出する方法であり、完璧な方法もありません。バリュエーションの結果を前提としつつ、売り手と買い手が交渉を重ね、納得できる金額で合意することになります。

第 2 章-2　スモール M&A の活用と課題　*163*

Q 2-10　M&A の失敗を回避するポイント

M&A をするにあたってよくある失敗などはあるのでしょうか？
また、失敗を防ぐにはどうしたらよいでしょうか？

Answer

よくある失敗の例としては、会計資料に記載のない債務（いわゆる簿外債務）が後になって発覚する、会計資料に記載された財産の評価額が適切な金額ではないことが後で発覚する、買収対象事業のキーマンといえる人物が退職してしまう、PMI（合併後の統合作業）がうまくいかない、などの例があります。

失敗を完全に防ぐことは難しいですが、あらかじめリスクが分かれば、M&A の契約時にそのリスクを織り込んだ内容での契約が可能になったり、そもそも M&A 自体をやめる、という判断も可能になります。コストの問題もありますが、M&A は決して安い買い物ではなく、失敗したから元に戻すなどということは簡単にはできないので、専門家に相談のうえで、M&A を進めていくことが重要です。

【解説】

1. M&A の失敗

M&A では会社や事業を買い受けることなります。そのため、単なる商品の売買やサービスの提供と異なり、会社の物的な財産のほかに従業員との契約関係、取引先との関係など、様々な要素が含まれているうえ、それらの要素が複雑に絡み合っているため、一見しても中身がよく分からないのが通常です。そのためにデュー・ディリジェンスなどを行い少しでも事業の内容や買収時のリスクなどをクリアにするように努力するのですが、どうしても限界があります。以下、よくある失敗例について説明します。

2. 簿外債務の発覚・評価替え未了の財産

　M&A では、通常、契約相手に決算書類を開示するなどしますが、中小企業では決算書類が本当に実態に即した形で作られているとは限りません。多くの場合、何らかの形で実態を反映していないことがあります。

（1）未払残業代

　例えば、従業員のサービス残業が常態化しているような企業で、わざわざ会計書類上に未払残業代を計上することはほとんどありません。また、社長や担当者が法律の規定を正確に理解していないために、故意に不払いとしたものではないものの、会計書類上に反映されていない債務が計上されることもあります。例えば、管理監督者（一般的な用語では「管理職」の地位にある者）には、法律上残業手当を支払う必要がありませんが、この管理監督者に該当するための要件は厳格です。それにもかかわらず、実態は単なる一従業員なのに、課長に昇進させたからもう残業手当は払わないなどといったケースがあります。

　この場合、故意ではないのでそもそも債務があると思っていないにもかかわらず、法律上正しく処理をした場合に会計書類には計上されていない債務（ここでは未払残業代）が発生することとなります。

（2）評価替え未了の財産

　こちらも悪意がなくそのままとなっているケースが多いですが、例えば、以前非常に高額で購入した不動産の価値が現在は下がっているのに、会計書類上は購入価格そのままとなっている、以前購入した高額のゴルフ会員権が、現在はほとんど価値がないのに購入価格で計上されている、といったケースはよくあります。

　この場合、会計書類上の数字をベースに M&A による買取価格を決めてしまうと、実際に取得できる財産の価値よりも高額の金銭を支払う結果となってしまいます。

（3）以上のように、会計書類にそもそも計上されていない債務が後から発覚したり、実際の価値を反映していない財産が記載されていたりすることに注意が必要です。

3. キーマンの退職

中小企業では、社長や従業員個人の能力に大きく依存し、事業の価値が特定の個人の能力や働きに裏付けられている、というケースは多くあります。

例えば、非常に優れた技術を持っている職人がいることで品質が維持され、その品質が評価されているのであれば、その職人がM&Aのタイミングで退職してしまうと、品質が低下し、M&A成立後に取引が打ち切られてしまったり、売上が低下してしまう可能性があります。

4. PMI（買収後の統合作業）がうまくいかない

M&Aが行われると、買い手の既存の事業とM&Aの対象となった事業について、統合する必要が生じます。これは、「PMI」と呼ばれ、例えば社内の人事評価や就業規則から細かな社内用語の統一など幅広い分野にわたり、同じグループ内または企業内で事業を共に行うために様々なことを統一させていくことになります。

近年になり、ようやくこのPMIの重要性が認識されつつありますが、かつては、買収までが重要で、買収後のPMIの重要性にほとんど目を向けられないこともありました。しかし、せっかく買収をしても、会社がうまく回らない

M&Aの失敗例
・簿外債務の発覚・評価替え未了の財産 ⇒不相応に高額な金銭を支払う結果になるおそれ
・キーマンの退職 ⇒買収後の取引打ち切り、売り上げ減少のおそれ
・PMIがうまくいかない ⇒会社がうまく回らずに無駄が生じ、利益率が下がるおそれ

のであれば、無駄が生じ利益率がかえって下がってしまったりします。そのようになってしまっては買収の意味がないのであって、このPMIについてもしっかりと考慮したうえでM&Aを行う必要があります。

5. リスク回避のための方法

　M&Aの契約の時点でリスクが発覚していれば、そのリスクを織り込んで買収をするかどうかの判断ができますし、買収価格に反映させることもできます。そのため、まずは、リスクの洗い出しを適切に行うことが重要です。また、それでもすべてのリスクを明らかにすることは難しいので、リスクヘッジができるような契約内容としておくことが必要になります。

　リスクの洗い出しについては、専門的な知見が不可欠なので、専門家に相談しましょう。いわゆるデュー・ディリジェンスはこのリスクの洗い出し作業を行うものになります。税務上のリスクについては税理士、会計上のリスクについては公認会計士、法律上（訴訟提起される可能性等含む）のリスクについては弁護士、事業上のリスクについては中小企業診断士などに相談すると、どのようなリスクがあるのかを洗い出すことができます。

　デュー・ディリジェンスをしっかりと時間をかけて行ったとしても、どうしても予期せぬ事態が発生することは避けられないため、すべてのリスクを洗い出すことは現実的には不可能です。そこで、表明保証条項の活用などの形でリスクを回避する必要があります。この場合も、事前にある程度考えられるリスクを契約内容に盛り込んでおく必要があります。

　以上のとおり、重要なのはM&Aの契約成立前に少しでも多くのリスクを洗い出し、それを反映させた適切な内容や金額での契約を行うことになります。

　普段会社経営をしているだけではわからない専門的な視点もあるため、M&Aに精通した専門家に依頼することが非常に重要です。条件が良いからといって安易に契約をしてしまうのではなく、しっかりとリスクについて検討したうえで進めていくことが重要です。

第2章-2 スモールM&Aの活用と課題　*167*

Q 2-11　事業承継・引継ぎ支援センターとは

事業承継・引継ぎ支援センターとはなんでしょうか。どういったサポートをしていただけるのでしょうか。

Answer

事業承継・引継ぎ支援センターは、「産業競争力強化法」に基づいて各都道府県に設置されている、第三者への事業承継すなわちM&Aを支援する機関です。

【解説】

1. 事業承継・引継ぎ支援センター

事業承継・引継ぎ支援センター（以下「センター」といいます。）は、中小企業によるM&Aを支援する目的で、「産業競争力強化法」に基づき全国47都道府県に設置されている機関です。主に親族内承継を支援していた「事業承継ネットワーク」と第三者承継を支援していた「事業引継ぎ支援センター」が、令和3年4月に統合されたものです。年商3億円以下の企業案件など小規模のディールを対象に、事業承継およびM&Aの相談を受け、その後の実行支援までを行う機関です。

センターには、地域金融機関のOB、公認会計士・税理士・中小企業診断士・弁護士等の士業等専門家などの中小企業のM&Aに関する知見を有するサブマネージャーが常駐しており、マッチングおよびマッチング後の支援、従業員承継等に係る支援のほか、事業承継に関連した幅広い相談対応も行っています。

近年は、相談者の同意を得て、データ（ノンネームデータ）を他県のセンターや民間M&Aプラットフォーマーに提供してM&Aを促進するなど、利便性も向上しており、相談件数・成約件数ともに増加傾向にあります。

2．スモール M&A の支援内容

（1）初期相談（一次対応）

　まずは、企業／事業の譲渡・譲受に関する方向性を決定するために、相談を受けることができます。この初期的な窓口相談を、一次相談といいます。譲渡を希望する売り手も、譲受を希望する買い手も、一次相談は無料ですので、気軽に相談をされてみるのが良いのではないでしょうか。

　M&A に限らず、事業承継全般に関する相談にも対応しているため、事業承継の必要性は認識しているが何をしていいか分からない、という状況でも相談可能です。相談をしたうえで、親族や従業員への承継、場合によっては廃業などの方向性を決めるという利用の方法もあります。

　まず、売り手企業が相談する場合、相談企業の事業内容や決算書等から実態把握を行い、従業員承継又は第三者承継に関する一般的なアドバイスを受けることができ、①譲渡可能性の有無、②自社評価額の考え方、③ M&A のプロセス、④従業員承継または第三者承継の際のポイント等について、具体的なアドバイスも受けることができます。

　スモール M&A のほか、廃業支援や従業員承継に関する相談も行うことができますので、事業の先行きに不安を覚えている経営者は、一度相談をされるべきでしょう。中小企業活性化協議会やよろず支援拠点といった他の連携機関への働きかけも実施してくれます。

　次に、買い手企業が相談する場合、相談企業の事業内容、決算書等から実態把握を行い、譲受能力に問題がないと判断した企業については、①購入を希望する業種・分野、②地域、③事業規模、④投資予算等について具体的にヒアリングが行われます。

　その他、既に仲介者・FA（フィナンシャル・アドバイザー）を選任している場合でも、セカンド・オピニオンを求めることもできます。M&A はどうしても専門的な内容になるため、これでよいのか、と不安になることもあると思いますし、そのように思うことは当たり前のことですから、積極的に活用することが望ましいといえます。

第2章-2 スモールM&Aの活用と課題　169

ここで、相談者がM&Aに前向きになられたら、次の二次対応に進みます。

(2) 登録民間支援機関によるM&A支援（二次対応）

相談の結果、事業者がM&Aに前向きになった場合、センターは、マッチング支援を希望する企業に対して、登録民間支援機関（M&A仲介会社等）への取り次ぎ（二次対応）を行います。

まず、センターは、登録民間支援機関を数社選定し、これらの事業者による相談企業に対する提案の場（プレゼンテーション）を設け、これに同席します。

そして、提案の結果、相談企業が指定した1社に取り次ぎを行います。

取り次がれた支援機関が自社にとって適切なサービスを提供してくれそうであれば、FA契約や仲介契約を締結し、支援機関からサービスを受けることになります。

センターは、定期的（3か月から6か月程度）に、M&Aの進捗状況を確認し、適宜のアドバイスを実施します。

相談をした結果、M&Aの方法を選択することとした場合で、登録機関等の支援を受ける場合は、登録機関等と仲介契約・FA契約を締結して、M&Aを進めていくことになります。

(3) センターによるM&Aの直接支援（三次対応）

相談の結果、M&Aの方法を選択することとしたものの、適切な登録機関等がいなかった場合や、既にM&Aの相手が概ね決まっているような場合、センターは、M&Aの手続きの一部を直接支援することもあります。

マッチング相手が決まっていない場合は、センターが保有するデータベースも活用しながら相手探しを支援し、相手方が見つかった、あるいはすでに決まっている場合には、士業等専門家を活用しつつ、M&Aのクロージングに向けた支援を行います。

具体的には、売り手を支援する場合、売り手からヒアリングした譲受ニーズ

から、M&A の打診候補先を選定するとともに、打診用のノンネームシート（匿名での企業概要書）を作成します。

そして、相談企業から指定された譲受希望企業に対して NN を用いた打診を行い、初期的な関心の有無を確認します。

センターは、初期的な関心を示した企業に対し、売り手の決算書等を資料開示するとともに、会社概要等を説明します。

ここで、交渉を希望する企業に対しては、センターにおいて両社面談を実施します。

その後は、当事者間の直接交渉に移行することから、センターは、定期的（3か月から6か月程度）に状況を確認し、適宜のアドバイスを実施します。

また、相談企業の希望に応じて専門家（税理士、弁護士等）を紹介する事業を行っています。

その他、センターでは、創業を希望する個人（事業を営んでいない者）とのマッチングを行う「後継者人材バンク」事業や廃業を希望している中小企業の「経営資源の引継ぎ」についての支援も行っています。

$\mathbf{Q}$ 2-12　M&A プラットフォーマーとは

　「M&A プラットフォーマー」という業者があると聞いています。どういった業者なのか教えてください。

Answer

　「M&A プラットフォーマー」とは、M&A のプラットフォームを営む業者が用意した専用のサイトに登録して M&A の相手を募集したり、サイトに登録されている企業に M&A を持ち掛けるといったマッチングの場を提供する業者です。

【解説】

1. M&A プラットフォーマーの概要

　M&A プラットフォームとは、中小企業 M&A ガイドライン（中小企業庁 2020 年 3 月公表、2023 年 5 月改訂）によると、インターネット上のシステムを活用し、オンラインで譲渡し側・譲受け側のマッチングの場を提供するウェブサイト（M&A プラットフォーム）を運営する M&A の支援機関をいうものとされています。

　仲介者やフィナンシャル・アドバイザー（以下「FA」といいます。なお、仲介者との違いは **Q2-7** 参照のこと。）によるマッチング支援は、希望条件をヒアリングしたうえで、条件に沿う相手を候補として仲介者や FA が見つけてきてリスト化し、紹介するのが一般的です。一方、M&A プラットフォームはマッチングの場を提供するものになります。具体的には、登録をしておくことで登録された情報を見た事業者からアプローチがあったり、希望条件やキーワードにより絞り込みを行い、条件に合致する業者を自分で選ぶといったイメージになります。

　また、仲介者や FA はマッチングだけでなく、マッチングにより相手方が見つかった後、実際に M&A を実行するまでの間の様々な支援（バリュエーショ

一般的な仲介者・FA とプラットフォーマーの違い

	仲介者・FA	M&A プラットフォーマー
マッチングに関する支援	あり：マッチング相手の紹介	なし：プラットフォームを通じて自分で探す
費用	高額	低額
支援内容	マッチング以外の M&A 全般にわたる支援も行う	マッチングがメインだが、オプションやサービスとしてそれ以外の支援を行っている業者もある

ン、デュー・ディリジェンス、クロージング、PMI 等）を行うことで、M&A の成立に至るまでの全般的な支援をするのが通常です。一方、M&A プラットフォーマーにおいては、どちらかというとマッチングの場の提供がメインであり、利用者としてもマッチングを自らことで費用を安く抑えたい、と考えていることも多いため、マッチング以外の支援も行う業者もありますが、マッチング以外の支援はあくまでオプションやサービスといった副次的な位置づけになります。

　このように、一応仲介者・FA と M&A プラットフォーマーについては区別することはできますが、例えば M&A プラットフォームでマッチング相手を見つけるところまで行い、その後は仲介者や FA を選定して支援をしてもらうこともあります。マッチングを任せるか、自ら行うかという違いはあれど、そこまで支援機関が支援するか、といった程度の問題であり、仲介者・FA と M&A プラットフォーマーについては、どちらかのみを使用するといった二者択一的な関係にあるわけでもありません。

2. M&A プラットフォーマーを利用するメリット

　M&A においては良い相手を見つけること、すなわちマッチングが非常に重要です。M&A プラットフォーマーが登場する以前は、マッチングのためには仲介者や FA に依頼せざるを得なかったのですが、M&A プラットフォーマーの登場により、自ら広くマッチング相手を探すことが可能になり、より低コストでの M&A が実現できるようになりました。また、以前はマッチング相手とは仲介者や FA と通じて情報を得て接触をする形態だったものが、直接マッ

チング相手と接触できるようになったため、よりスピーディーな交渉も可能になりました。

3. M&A プラットフォーマーを利用する際の注意点

(1) どのプラットフォームを利用するか

　M&A プラットフォームには業者ごとに特徴があるので、どのプラットフォームを利用するかも重要となります。業種に特化したものもありますし、最近は特定の地域に特化したプラットフォームも登場しています。

　プラットフォームごとに仕組みも異なります。買い手と売り手の双方から交渉を始められるプラットフォームもあれば、買い手側からしか交渉を始められないプラットフォームもあります。当事者が直接登録・交渉できるプラットフォーム以外にも、FA を介してのみ登録・交渉が可能なプラットフォームもあります。

　このように、プラットフォームごとに強みや仕組みが異なりますので、自社の目指すべきゴールと費用面を考慮しつつ、利用するプラットフォームを選択することが重要です。

　それでも、信頼できる業者かわからない、という不安もあると思います。そのような場合は、前記中小 M&A ガイドラインに規定される、中小企業庁と連携し、各事業承継・引継ぎ支援センターに登録された仲介業務または FA 業務を提供する「連携 M&A プラットフォーマー」もあります。連携 M&A プラットフォーマーだから即信頼できる、という単純なものではないと考えられますが、業者選択の判断基準の 1 つとして考えてよいと思われます。

(2) 情報の流出リスク

　買い手または売り手を募集するためにプラットフォームを利用する場合、特定できない情報にとどめる前提ではあるものの、インターネット上に広く自社の情報が公開されます。場合によっては特定をすることも可能になりますし、一度インターネット上に掲載された情報を完全に削除することは非常に困難な

ので、どのような情報をどれだけ載せるか、ということについても注意が必要になります。

(3) 掲載情報の信頼性

　M&A プラットフォームでは案件の掲載が容易で利用しやすいため、掲載された内容が本当に信頼できるかについては注意を要します。

　実在しない事業者や譲渡の意思がない情報が掲載される可能性もあります。このような点について十分に真実性の確認を行うなど、情報の信頼性が担保されている M&A プラットフォーマーを選ぶことが重要です。

(4) 専門家への相談の重要性

　前述の M&A プラットフォームにおいては、マッチングの支援を依頼せず、相手を自分で探すことが可能となるため、簡便かつ低コストで相手を見つけることができます。しかし、その反面、自らの判断で相手を選ぶことになるため、適切な判断ができない可能性があります。

　そのような場合には、支援機関に相談することをお勧めします。また、プラットフォームによっては、単に場を提供するにとどまらず、さらに支援を受けられる可能性もありますし、マッチングだけプラットフォーマーを利用し、それ以外は支援機関を利用するということも考えられます。

　例えば、自分がやりたいことがあり、その実現のために適切と思われる企業を見つけたが、本当にその企業でいいのか判断しかねる、といった場合であれば、中小企業診断士などに、会社を買収したらどのようなメリット・デメリットがあるかを洗い出してもらい、参考にすることが考えられます。

　また、債務超過であるために譲渡金額が安い企業の買収を検討する場合であれば、税理士に税法上のメリットがあるのか、適法な税務処理が可能なのか、といった点を確認したり、弁護士に買収した際のリスクについて教えてもらうなどの方法が考えられます。

　このように、M&A プラットフォーマーを活用したうえ、自らに必要な範囲

の支援のみを受けることで、低コストでのM&Aを実現することも可能になります。信頼できる業者であるか、といった点については十分な注意が必要ですが、上手にM&Aプラットフォーマーを活用することで、低コストでよいM&Aを成立させることが可能になります。

Q 2-13 プラットフォーム以外の活用

スモール M&A で会社を売却する場合に、プラットフォームの活用以外にどのような先に働きかけるのが良いのでしょうか。

Answer

販売先や競合事業者など、日常業務で関与することのある取引先への売却も考えられます。

【解説】

1. 売却先の探し方

スモール M&A で会社を売却したい場合、これまで解説のあったプラットフォーム事業者の利用、FA や仲介業者の利用、引継ぎ支援センターの活用が考えられます。

その他、これらの事業者を使わない方法としては、貴社の取引先に貴社を売却する（買ってもらう）、ということが考えられます。

2. 取引先に対する売却の方法

（1）取引先

貴社の取引先というと、大きく分けると、2つの種類に分けることができます。

1つ目は、貴社のサービスの提供先（商品の納入先）や、貴社がサービスの提供を受けている先（商品の購入元）の事業者です。商流で考えると、いわゆる「縦方向の取引先」です。貴社のサービスを実際に利用しており、その価値を十分に把握しているわけですので、貴社のサービスを内製化したいとか、販売チャネルを持ちたいという希望を持っているかもしれません。

2つ目は、貴社のサービスの競合事業者です。同一又は類似のサービスを提供している事業者は、貴社が保有している設備や人的資源の価値、立地の優位

性などをよく把握しているため、事業規模を拡大したいという希望があれば、貴社を購入しようという意欲を持っていることがあるかもしれません。

(2) アプローチ方法

　以上のように、取引先に対して貴社を売却するという方法は、スモールM&Aの成功率を上げるものと思われますが、他方で、取引先であるからこそ、貴社がM&Aを希望しているという事実については、秘密として保持する必要があります。債務超過であるために事業譲渡する場合などは当然ですが、やはりM&Aを検討しているということが取引にいかなるマイナスの影響を生じさせるのかは未知数です。廃業可能性のある会社の信用力は低くなり、売却のストーリーもよく考えなければならないところです。

　したがって、アプローチをする先については、貴社と同規模以上であり、経営状態が良好であることなど貴社との取引における信用力の観点、相手方にとってシナジーが見込めるかという定量的な観点のほか、経営者同士が気心知れた中であるなどの定性的な状況も非常に重要です。

　まずは、営業部門や調達・購買部門の責任者と打ち合わせを行い、有力な取引先をピックアップし、購入を打診する取引先のリストを作成します。

　そのうえで、各取引先に購入を打診し、より詳細な情報が欲しいという先との間では、秘密保持契約書を取り交わしたうえで、貴社の決算書等を交付し、購入の検討に入ってもらいます。秘密保持契約書の作成等については、ガイドラインにも簡易なフォーマットが用意されていますので、ご活用いただくのが良いものと思います。

3. 取引先への売却の留意点
(1) 秘密保持の観点

　取引先においては、貴社がM&Aを検討していること自体を含めて、秘密として情報管理を徹底してもらうことが必要です。前述のとおり、M&Aを検討していること自体が、貴社の信用に関わるということもありますし、さら

に、開示した情報が漏洩した場合には、貴社の損害は計り知れません。取引先の自覚を促す意味でも、必ず、秘密保持契約を作成し、締結しておく必要があります。秘密保持契約を締結した場合であっても、情報が開示・漏洩してしまったときに、貴社の損害を完全に回復することはできませんので、やはり、取引先の選定が非常に重要であると考えられます。

(2) 競争法の観点（カルテル等の禁止）

　さらに、取引先に対する売却に関しては、特に競合事業者等との水平関係での売却を検討する場合には、独占禁止法に抵触しないよう心掛ける必要があります。独占禁止法においては、事業者が価格を取り決めたりすることで、市場競争を歪めることを厳に禁止しています。

　貴社と取引先の規模や市場におけるシェアによって結論は左右されますが、商品価格は、市場との関係において決定されるべきであるものであり、競合事業者が価格合意をした場合は違法となります。

　また、明確な価格合意がなくとも、自社の価格情報を交換した後に、結果として価格が同一価格となったような場合には、何らかの価格合意が存在したのではないかと評価され、公正取引委員会からの処分がなされる法的なリスクも存在します。

　M&Aに関与するチームメンバーを営業とは別の人員とするなどのほか、いわゆる「ガンジャンピングルール」の合意をし、競争に影響を与えないような方策をとる必要があります。

第3章

スモール M&A と

事業承継を実行するための具体的ポイント

第３章-1
買い手の視点

Q 3-1　取得するべき対象会社の議決権

M&A で 100 ％に満たない株式を購入することのリスクを教えてください。

Answer

M&A で株式を取得する場合、100 ％を取得することが肝要です。1 ％でも第三者が保有する場合、様々な障害が生じます。

【解説】

1. 持株比率

(1) 持株比率

ある株式会社の株式の持ち分割合を「持株比率」といいます。この持株比率は、M&A を実行する際に、重要な意味を持っています。

株式会社は、出資者を募って多くの資金を集め、大規模な事業を行うための存在です。この出資者こそ株主であり、株主の地位こそが株式です。株式会社に対する株式の持分の割合が持株比率ですが、この持株比率の高低によって、会社に対して主張できる権利に差が生じます。

(2) 持株比率によって行使できる権利の違い

株主が行使できる権利は、以下のように、持ち株比率によって差が生じます。

第3章-1 買い手の視点 *181*

持株比率	株主権の内容
1 株以上	会社組織に関する行為無効確認訴権
	新株発行差止請求権
	代表訴訟提起権
	取締役の違法行為差止請求権
総株主の議決権 1 %以上又は 300 個以上の議決権	総会議題、議案提案権
総株主の議決権 1 %以上	総会検査役選任請求権
総株主の議決権 3 %以上	株主総会招集請求権
	取締役等の定款授権による免責に対する異議申出権
総株主の議決権 3 %以上又は発行済株式 3 %以上	会計帳簿閲覧・謄写請求権
	取締役、監査役等の解任請求権
総株主の議決権 10 %以上又は発行済株式 10 %以上	解散判決請求権
20 %	連結財務諸表の持分法適用
1/3 超	特別決議の否決
過半数	株主総会の普通決議
	＜主な決議事項＞
	取締役の選任・解任
	取締役・監査役の報酬の決定
	利益処分案（配当額など）の決定
2/3 超	株主総会の特別決議
	＜主な決議事項＞
	定款変更
	第三者割当増資（株式譲渡制限会社の場合）
	事業譲渡、合併、株式分割、株式交換

（3）持株比率100％を確保できないリスク

　まず、経営権を取得するということは、取締役会の過半数をコントロールし、会社の意思決定が可能な状態です。そして、株式会社の取締役は、上記のとおり株主総会の普通決議で、議決権の過半数をもって選任されることになります。つまり、持株比率の1/2超を有していれば、経営権を取得していると言えます。

　なお、持株比率が2/3超であれば、株主総会の特別決議事項を単独で可決できますので、会社の組織変更、M&Aや定款変更を決めることができ、支配権の確保として十分であるともいえます。株式併合などを活用し、他の株主が保有する株式を1株に満たないものとして排除（スクイーズアウト）して、100％の持株比率となることもできます。

　他方、持株比率が低い株主であっても、帳簿閲覧権や株主代表訴訟等によって多数株主の経営に干渉される可能性があります。正当な権利行使であればいいですが、いやがらせのようなものもみられるので、やはり100％を取得しておくべきでしょう。

2．100％取得する積極的な理由

　また、中小企業は、経営と所有が一致し、スピーディーな意思決定をすることが強みです。株式が分散していると、意思決定に時間がかかり、個人が株式を保有している場合には、相続により株式がより一層分散していく危険性もあります。名義人が死亡して、所有権が遠い親族に移ってしまう危険性もあります。そのため、持株比率は、100％であることが望ましく、実務上もそのような取引を目指します。

3．100％の取得が困難な場合の対応方法

　100％の取得が困難な場合は、株式譲渡契約において他の株主による干渉を解除事由として定めたり、取引自体を再考したりすることもあり得ます。

　買い手としては、売り手に対し、M&Aのクロージングまでに、第三者から

全株式を取得することを条件にする方法も考えられます。

　また、上に述べたスクイーズアウトの方法によって、100％の持株比率を実現する方法もあります。

$\mathbf{Q}$ 3-2　M&A によく出てくる DD とは何か

> スモール M&A で会社を買う場合の DD とは何でしょうか。DD にあたって見るべきポイントを教えてください。

Answer

　デュー・ディリジェンス（Due Diligence、以下「DD」といいます。）とは、出資や貸付などを実施する前に、出資等の対象となる企業（以下「対象会社」といいます。）の価値やリスクなどを調査することです。

【解説】

1．会社を買う場合に実施する DD

(1) 総論

　スモール M&A でも、対象会社の将来の事業計画を見極めるための事業デュー・ディリジェンス（事業 DD）や対象会社の過去の業績の精査を行う財務デュー・ディリジェンス（財務 DD）を実施することがあります。

　財務 DD の過程で得られた情報は、事業 DD において事業計画を策定するために必要な情報であり、両デュー・ディリジェンスは、相互に関連しています。

　スモール M&A の場合、DD というプロセスを省略してしまう場合も少なくないようですが、対象会社の規模に応じて、何らかの DD を実施すべきです。DD をせずに M&A を進めてしまうと、不当な高値で会社を売りつけられたり、簿外リスクを抱える会社と合併した結果、買い手の会社の経営にも悪影響が及んだりすることもあり得ます。

　基本合意を締結した後に実施するのが通常ですが、DD の結果を受けて、最終契約に向けて、基本合意の内容を修正したり、買取のスキームを見直したり、買取価格を決定するなどの大きな影響を及ぼしますから、M&A における重要なプロセスといえます。

　なお、法務 DD、環境 DD、不動産 DD、ITDD、人権 DD を行う場合があり

ますが、これは、規模の大きな M&A 取引にあたって行われることが多く、割愛します。

(2) 事業 DD

事業 DD は、対象会社が行っている事業の評価を行う手続きです。

内容としては、以下のような構成が一般的といえ、対象会社のビジネスモデル、事業そのものが生み出す実態の収益力（正常収益力）、対象会社の課題および改善策、シナジーの測定の基礎資料となります。様々なフレームワークを用いて、売上から営業利益までの分析を行います。中小企業診断士に依頼をすることが一般的です。対象会社の経営実態を把握し、将来性を見極めるためのプロセスです。

① **外部環境分析**
- **事業内容について**
  会社の沿革、創業関連情報、拠点所在地、業種、事業内容等について調査した結果が記載されます。事業特性について把握することができます。
- **外部環境分析**
  営業面、商品等の仕入、市場に関する動向、競合企業の状況について分析した結果が報告され、対象企業を取り巻く環境を把握することができます。

② **内部環境分析**
対象企業が保有する経営資源を把握することができます。
- **ビジネスモデルの分析**
  財務データや内部資料に基づいて、対象会社のキャッシュを生み出す具体的なビジネス構造自体を把握することができます。
- **各種内部データの分析**
  売上高の推移、利益率の推移、エリア別・店舗別・商品別の売上高や利益率の推移、販管費の推移、固定費の推移、設備投資計画などあらゆ

186 第3章 スモールM&Aと事業承継を実行するための具体的ポイント

る面から分析された結果が報告されます。

- **経営組織の分析**

　対象会社の経営組織について、担当各部門の詳細のほか、業務全体の組織上の運用フローや、業務で用いるシステムツールについて、把握することができます。

③ **SWOT分析**

　外部環境分析や内部環境分析を踏まえ、事業の実態をSWOT分析としてとりまとめたものです。対象会社の強み（strength）、弱み（weakness）、機会（opportunity）、脅威（threat）を整理し、買い手が対象会社を買収することにより得られるシナジーと、将来の経営計画の絵を描くための基礎資料となります。

④ **正常収益力**

　対象会社の損益面の状況から、収益獲得能力の定量的な把握を行います。正常収益力は、対象会社の正常な営業活動における経常的な収益・資金の獲得能力のことで、財務DDのベースとなる指標であり、財務DDにおいてさらに詳細な分析がなされます。

⑤ **事業計画の骨子**

　対象会社の実態や課題を踏まえ、買い手による買収後の改善策などを策定し、売上から営業利益までの数値計画についても、概ねのところを記載します。

(3) 財務DD

　本格的な財務DDを行う場合、以下のような項目が代表的な構成となります。税理士・公認会計士に依頼することになり、相応のコストが見込まれます。簡易な方法としては、貴社の顧問税理士などに、対象会社の決算書を交付し、簡単にレビューしてもらう等の方法や、事業DDを実施した中小企業診断士に、簡易な財務分析を依頼する方法などが活用されているようです。

　財務DDは、貸借対照表、損益計算書、キャッシュ・フロー計算書など主な

財務諸表を基礎資料として、対象会社の財政状態について調査し、不正な取引や経理処理がないかなどのリスクを洗い出して確認するものです。税務 DD として、過去の税務申告書の精査も含むことがあります。

① **実態純資産の算定**

買い手が判断できるように、帳簿ベースの金額、財務会計上の修正を指摘した継続企業ベースの金額、含み損益等の修正を指摘した全資産時価ベースの金額を把握することができるように整理されます。帳簿には登載されていない必要な建物の修繕費や、土壌汚染対策費用についても、追加コストとして発生する可能性のある費用として織り込まれることになります。

② **正常収益力の算定**

事業 DD の項目において言及したとおりですが、財務 DD においては、さらに詳細な分析が行われることが通常です。営業外損益・特別損益に計上される損益項目は、本業に直接関係しないもの、臨時的に発生したものが多いですが、正常収益力に反映させるべきかどうかを個別に検討します。

③ **FCF**

事業を営むことによって得られる価値をキャッシュ・フローという指標で判断するために、営業利益などをもとにした FCF を算出します。

④ **負債・借入金**

借入金の状況等も、売り手を購入するにあたって重要な要素です。長期間にわたって返済不能と判断される過剰債務が存在するか否かも、報告されます。対象会社が、運転資金等を除いた後の有利子負債を全て返済するのにかかる期間（債務償還年数）なども、分析して報告されます。

⑤ **留意事項**

財務の専門家から見て、当該 M&A において認識しておくべきリスクに関する情報の報告もされます。資産除去債務、役員退職慰労金引当金、棚卸資産の基準日の残高、未払残業代、税務リスク、親族等関連当

事者取引、事業と関連性のない財産（高級車等の）などの項目が該当します。

　また、支払サイトなどが特殊な取引条件の取引先、支払遅延の状況、公租公課の滞納状況、補助金の返還義務の有無、行政処分の影響、社会保険の加入・未加入、店舗閉鎖等の後発事象の情報、与信管理の体制、在庫管理の状況、管理部門の体制なども、報告されます。

2．DD報告書の検討ポイント

　通常、DD報告書においては、エグゼクティブサマリーという重要なポイントを抽出した要約書面が冒頭に付されているため、この内容の正確性や買い手としての納得性を確認していくことになります。気になる項目については、個別のページを参照し、顧問税理士や顧問弁護士と共有して検討することが必要となります。

（1）事業DD

　買い手として見なければならないところは、究極的には、収益力です。

　実力のある専門家が作成した場合、買い手の事業と対象会社のシナジーについてまで考慮した分析を行い、買い手の希望する方向性に応じた事業計画の提案まで行ってくれます。

（2）財務DD

　経理処理に不正はないか（粉飾の有無）、資金繰りに問題はないか、簿外債務がないかといった観点から、財務DDを見ていくことになります。

　その他、売り手がメーカーであれば、仕掛品の滞留状況、製品の棚卸状況、原価管理の方法など、製造面についての確認を行うべきでしょう。

　バリュエーション（事業価値の算定）を財務DDの中で行う場合もあり、その場合には、取引価格の妥当性判断の重要な指標となります。

第3章-1　買い手の視点　*189*

Q 3-3　不動産だけ欲しいM&A

　M&Aにあたって、労働者は不要と考えております。当社としては、対象となる会社の不動産が欲しいと考えております。こういった思惑でM&Aを持ち掛けることは法律上問題があるのでしょうか。

Answer

　スモールM&Aにおいて、売り手の不動産に価値があることは重要な要因ですが、それのみを目的にM&Aすることは、様々なリスクがあります。

【解説】

1. 相手の資産の一部を取得するためのM&A

　本書で繰り返し論じられているとおり、スモールM&Aの期待効果は、M&Aによって対象会社が保有する各種の経営資源を時間をかけずに取得することができるというものです。対象会社の事業に当社の既存事業とのシナジーが見込まれる場合に、株式譲渡や事業譲渡の方法によって事業を取得するというのが通常のM&Aですが、実際には、対象会社の事業自体は全く魅力的ではなく、単純に、対象会社の所有する不動産や特許等の知的財産権に魅力を感じ、M&Aに至る事例もあります。

　他方、売り手としては、不動産や特許のみを買われても、残余の資産で事業継続ができるとも思われず、会社や事業そのものを買って欲しい、個別資産の切り売りには応じられないということになります。

　このような場合、買い手は、会社または事業全体の譲渡を受けざるを得ないということになります。

　このように、買い手側と売り手側の内心に不一致が生じることがあるため、売り手としては、例えば、会社や事業を譲渡後も従業員の雇用を維持することや知的財産の利用に制限をかけるなど、M&Aの契約において、手当てをしておくことが必要となります。

190　第3章　スモールM&Aと事業承継を実行するための具体的ポイント

2．不動産M&Aを行う動機

(1) 売り手のメリット

　通常、不動産を売却する場合、会社に対し、譲渡所得に対する課税がなされます。売却収入から不動産の購入代金や建築費等の取得費を差し引き、さらに仲介手数料や印紙税などの譲渡費用を差し引いた金額に対し、法人税が課税されることになります。そして、会社の利益を、株主である代表者等に配当する場合、さらに配当所得への課税がなされます。株主の手元に残る金額は、非常に少ないものになってしまう可能性があります。

　他方、会社の株式を譲渡した場合、譲渡した株主つまり代表者等には、株式取引の譲渡益に掛かる税金が課税されることになります。株式譲渡所得に係る税金は、法人税のみと比較しても相応に低いとされています。

　よって、株主である代表者にとっては、課税の観点から見て、不動産もまとめて法人を売却する方が、経済的合理性が認められる可能性があります。

(2) 買い手のメリット

　まず、買い手は、直接不動産を購入する場合、不動産取得税、消費税などの税金を支払わなければなりません。その他、買い手は、不動産の購入後、不動産の所有権移転に係る登記手続きを実施しなければなりません。この所有権移転登記手続の過程において、買い手は、登録免許税の支払い、契約書作成費用、契約書に貼付する印紙代金など、様々な費用が発生します。

　他方、株式譲渡では、こうした手続きや支払いを省略でき、株主の変更に係る手続きを実施すれば足ります。

　さらに、買い手は、売り手の本社ビルなど売買のために保有しているのではない、不動産取引市場に出回りにくい不動産を、M&Aを通じて取得することが可能です。本社不動産などは、不動産そのものの価値はなかったとしても、再開発や投資の対象としての魅力を有していることがあります。

　このような不動産を持つ企業に、経営不振や後継者不足などの問題があれば、節税メリットなどを伝えて不動産M&Aを持ちかけると、応じてくれる

ことがあります。

　もっとも、会社を購入するということは、簿外債務や法的リスクを引き受けることを意味しますので、しっかりとした DD を行う必要があるといえます。

3. 不動産 M&A のリスク

　以上の次第ですから、買い手も売り手も、タックスメリットとリスクを良く検証する必要があり、税理士等の専門家に相談のうえで、M&A を進める必要があります。

　また、売り手は、従業員の雇用や知的財産等の利用を維持するため、M&A に係る契約書を注意深く作成する必要があり、他方、買い手は、法理的なリスクの有無及びリスクへの対応を行うため、ともに税理士・弁護士に相談のうえで、M&A を進める必要があるといえます。

第３章-2
売り手の視点

Q 3-4　会社の価値を高める

スモール M&A により会社を売ることに決めました。なにをすれば会社を高く売ることができるでしょうか、

Answer

「見える化」と「磨き上げ」を行いましょう。具体的には、「見える化」で現

事業承継に向けたステップ

```
─── 事業承継に向けたステップ ───

ステップ1    事業承継に向けた準備の必要性の認識

ステップ2    経営状況・経営課題等の把握（見える化）          プ
                                                        レ
ステップ3    事業承継に向けた経営改善（磨き上げ）            承
            ※親族内・従業員承継において、後継者が決まっている場合には、    継
            後継者と事業承継計画を策定して磨き上げを進めることも望ましい。

            親族内・従業員承継          社外への引継ぎ

ステップ4    事業承継計画策定            M＆Aの工程

ステップ5    事業承継の実行             M＆Aの実行

            ポスト事業承継（成長・発展）
```

出典：「事業承継ガイドライン　第３版」（中小企業庁　2022 年３月公表）31 頁

在の会社の経営状況・経営課題を把握し、「磨き上げ」で経営改善と経営課題の解決を行い、企業価値が向上させます。その結果、売却価格も上昇します。「見える化」「磨き上げ」はともにM&Aの場面で重要なことですが、M&Aを行う場合に限らず、普段から取り組んでおくべきこととなります。

【解説】

1.「見える化」と「磨き上げ」

前ページの図は、事業承継のステップの説明に際して用いられる図ですが、M&Aの場合も「見える化」「磨き上げ」の作業により、企業価値を高めることが重要です。

2.「見える化」とは？

読んで字のごとく、「目で見ることができない、あるいは見えにくいものを見えるようにすること」です。

中小企業の社長に、「御社の強みを教えてください」と尋ねても、「当社の強みって何だろう？」と考えてしまい、ぱっと出てこないこともよくあります。しかし、実際には企業活動が継続できている以上何らかの強みがあるはずで、それが言語化されていないだけだといえます。自社の製品が売れている理由が社長の営業力や品質の高さにあるならば、「社長の営業力」や「品質の高さ」という形で言語化し、「見える化」することができます。このように会社内で、暗黙のまま伝えられてきたり、共有されてきたりしたことを、誰が見てもわかるように言語化や視覚化していくことが「見える化」です。

M&Aの準備としては、強みの「見える化」も重要ですが、経営課題の「見える化」も重要です。今の会社の事業にはどのような問題点があるのかを整理し、言語化する必要があります。例えば、需要はあるが生産が追い付かないということであれば、「生産性の向上」などが経営課題になります。

3.「磨き上げ」とは？

「見える化」を通じて自社の強みや弱みを洗い出し、取り組むべき経営課題

を見つけます。その課題に取り組み、経営状況を改善していくプロセスが「磨き上げ」になります。

例えば、「生産性の向上」が経営課題になっているのであれば、生産工程を分析し、ボトルネックとなっている工程を発見し、そこを改善するために取り組むことになります。

4．なぜ、「見える化」と「磨き上げ」が必要なのか？

多くの経営者の方は、「事業はちゃんと継続しているし、別に今のままでもなんだかんだ会社は売れるだろう」と考えがちです。しかし、残念ながらそんなに簡単な話ではありません。

最近は、経営者の高齢化が社会問題となっており、また、M&Aへの抵抗感が薄れつつあることもあり、昨今、M&Aの場面では買い手市場の傾向が見られます。企業に限らず、何かを買うときは複数の候補からどれを買うかを選択するのが通常ですし、「選ばれる会社」になることが何より重要です。

「見える化」ができていない会社であれば、そもそも自社の強みを買い手にうまく伝えることができません。「見える化」を通じて自社の強みが明らかになっていれば、「弊社を購入すればこのようなメリットがあります。」と売り込むことが可能になります。また、M&Aの場面ではデュー・ディリジェンスが行われることも多いものの、もししっかりと「見える化」できていれば、デュー・ディリジェンスを効率的に行ったり、デュー・ディリジェンスの範囲や対象を絞ることも可能になるため、より売却をしやすくなります。

そして、「磨き上げ」により企業価値が向上していれば、当然「ほしい」と考える買い手も増加し、買収価格の向上につながります。

さらに、もしM&Aにより会社を売却する理由が、本当は自分の子どもに会社を継いでほしいが、嫌がっており、後継者がいないので売らざるを得ない、という理由だった場合、「磨き上げ」に成功し、魅力的な会社となることで、やっぱり自分が会社を継ぎたい、と考え直すこともよくあります。

このように、会社を高く売りたかったり、事業承継を成功させたいのであれ

ば、「見える化」と「磨き上げ」は必須となります。

5. 日常的な経営改善の必要性

　計画的に事業承継に取り組んでいく場合、一般的に事業承継をすると決めてから少なくとも5年程度は時間をかける例が多いです。その期間に「見える化」と「磨き上げ」を行います。このことからもわかるように、「見える化」や「磨き上げ」は近いうちにM&Aで会社を売却しよう、と決めてから取り組み始めても時間が足りません。

　「見える化」や「磨き上げ」自体は、事業承継の場面で説明されていることからもわかるように、必ずしもM&Aとのみ結びつくものではありません。普段から課題を発見し、解決していくことで絶え間なく企業価値を向上させていくのは当然のことといえますし、長い時間をかけて取り組んでおけば、いざ事業承継やM&Aをしなければ、となったときにもスムーズに対応できるようになります。

　中小企業ではどうしても日々の目の前の業務に忙殺されがちですが、「見える化」と「磨き上げ」の重要性を理解し、普段から意識的に取り組んでいくことが重要です。

196　第3章　スモールM&Aと事業承継を実行するための具体的ポイント

Q 3-5　「見える化」とは何か

「見える化」とは何ですか？　具体的に何をすればいいんですか？

Answer

「見える化」とは、その呼び名のとおり、見えないものを見えるようにする、ということを意味しています。事業承継の場面でよく使われる用語であり、会社におけるノウハウや経験などの強みを言語化したりすることのほか、会社がM&Aによる場合を含む事業承継を行う際の問題点を洗い出すことを言います。

その後のプロセスである「磨き上げ」では、「見える化」によって顕在化した会社の強みを伸ばして事業価値を高めたり、同じく顕在化した問題点を解消して、円滑に事業承継やM&Aが行えるようにします。

スモールM&Aの場面では、会社の現在の正確な株主名簿の作成や、会社が使用している財産のうち、何が会社所有財産で、何が社長または社長の親族などの第三者の財産なのか、といった点を明らかにし、M&Aの実行に向けて「磨き上げ」の段階で解決すべき問題を明らかにすることが特に重要になります。

【解説】

1.「見える化」とは

読んで字のごとく、「見えないものを見えるようにすること」を意味します。「見える化」を整理すると、大きく2つに分けることができます。1つは、会社の強みを言語化すること、もう1つは会社の問題点を明らかにすることです。スモールM&Aの場面においては、前者も重要ではあるものの、後者の会社の問題点を明らかにすることが特に重要になります。

2. 会社の問題点の顕在化

スモールM&Aを行う上で最低限やっておく必要があるといえるのは、正確な株主を把握するための作業や会社が使用している財産に関する権利関係の把握です。

（1）正確な株主の把握

株主には様々な権利が認められており、経営に口を出すことも可能になります。会社の設立者であれば、通常は株主とは何らかの人的な関係などがありますが、株式の譲渡を受けた者と他の株主との間には何ら人的関係がないことが大半であるため、よく知らない人が経営に好き放題に口を出してくるといったことになりかねません。

そのため、M&Aの場面では買い手が100％の株式の取得を希望するのが通常です。そこで、株式を集約し、100％の株式を譲渡できるようにする必要があるのですが、その前提として現時点で株主は誰なのかを正確に把握しなければなりません。社長が正確に把握できている場合は問題ありませんが、例えば、創業から数十年経っていて、設立時の社長がすでに引退し、亡くなっているような場合などは、誰が株主なのか正確に把握することは困難です。

会社に残っている記録や、税務申告の際に作成される「同族会社の判定に関する明細書」などを手掛かりに現在の株主を可能な限り特定し、現時点での正確な株主名簿を作成する作業などが必要になります。

その後、「磨き上げ」として、現在の社長以外の株主から株式の買取交渉を行うなどしたり、所在不明株主がいる場合などは「スクイーズアウト」という方法により、強制的に株式を失わせる手続きをすることもあります。

そのような作業を経てもどうしても株主が把握できない場合には、M&Aの手法を株式譲渡から事業譲渡に切り替えるなどの方法をとることも考えられます。

（2）会社財産に関する権利関係の把握

　例えば、社長が所有している不動産を会社に貸して、そこに会社が工場を建てているような場合、M&Aを行っても買い手は工場が立っている土地を取得することができないことになってしまいます。仮にそのままの状態でM&Aを行った場合、買い手は使用貸借という形で工場を利用することとなりますが、この場合、土地の所有者である譲渡側の社長から退去を求められた場合、すぐに土地を明け渡さなければならないことになり、非常に経営状態が不安定となります。

　買い手としては当然そのような不安定な状態を嫌うため、そのままでは買い手がつきにくくなります。このように、会社が使用している財産がどのような権利関係であるのかを調査し、リスト化して「見える化」する必要があります。具体的には、不動産であれば登記簿などを確認することで、権利関係が明らかになります。

　こちらも「磨き上げ」のプロセスで問題を解消していくことになりますが、高額の不動産を個人と会社との間で譲渡したり贈与すると、多額の税金が発生する可能性もありますので、注意が必要です。

（3）まとめ

　以上のように、「見える化」を通じてM&Aを行う前提として、問題点の把握をすることが必要になります。

　スモールM&Aで、企業規模が特に小さいようなケース（従業員が数名程度で、会社財産も多くないようなケース）であれば、株主の把握などの作業を省略し、引き継ぎたい財産の権利関係のみを調査したうえ、事業譲渡の方法をとることも多くあります。

3．会社の強みの言語化

　前記したとおり、会社の強みの言語化自体は、スモールM&Aを行ううえで必須とまではいえませんが、重要な作業ですので、可能であればこちらにも

取り組むべきです。

　例えば、会社の強みが品質の高さであると考えられる場合、その品質の高さはどこからくるのかを検討します。その結果、長年受け継がれてきた職人の高度な技術と考えられるのであれば、「長年にわたり受け継がれてきた職人の高度な技術によりつくられた高品質の製品」が会社の強みといえます。

　このように強みが明らかになれば、買い手に自社の強みを分かりやすく伝えることができますし、この例で言えば、M&Aをするにあたっては、キーマンとなる職人の雇用維持に気を付けるべきである、ということを相手も理解することができます。その結果、買い手にとっても会社を買うかどうかの判断がしやすくなり、結果としてM&Aの成立や、より高額での売却の可能性を高めることができます。

4. まとめ

　十分な「見える化」「磨き上げ」を行うにはある程度の時間が必要になります。また、M&Aを仮にしない場合であっても事業承継には必要なプロセスになりますので、可能な限り速やかに「見える化」に着手することをお勧めします。

200　第３章　スモール M&A と事業承継を実行するための具体的ポイント

Q 3-6　「磨き上げ」とは何か

> 「磨き上げ」とは何ですか？　具体的に何をすればいいんですか？

Answer

　「磨き上げ」とは、主に M&A 成立に向けて経営改善を行うことですが、広い意味で事業価値を向上させることを意味し、「見える化」により明らかになった問題を解決することも含むと考えるべきです。

　そのため、不要な財産を現金化したり、IT 化を進めて生産性を向上させ、利益を増加させるなど、会社や事業そのものの価値を向上させることももちろん重要ですが、そのほかに、例えば、「見える化」により未払残業代が発生していることが判明した場合は、きちんと法定の残業手当を支払うことで簿外債務の存在という問題を解決するなどして、M&A の成立の妨げとなる問題を解消していくことも「磨き上げ」として必要な作業となります。

【解説】

1.「磨き上げ」とは

　読んで字のごとく「事業を磨き上げる」ことです。「見える化」により明らかになった問題を解決し、経営改善をしていくことを言います。

　経営改善というと、事業価値を高めることがイメージされやすいと思いますが、M&A に向けた準備という観点からすれば、ここでの「磨き上げ」は事業価値を高めることのみならず、広く「見える化」により明らかになった M&A 成立の妨げとなる問題点の解決も含むものと考えてください。

2．事業価値の向上

　当然ながら、事業価値が高い方が買い手がつきやすく、また、買取価格も高額となります。そこで、「磨き上げ」においては、まず、事業価値の向上が重要になります。

例えば、「見える化」を通じて、在庫管理システムを導入しておらず、1つひとつ人の手で確認をしていて効率が悪く、在庫情報をタイムリーに把握できていない、といった課題が見つかった場合には、在庫管理システムを導入することで課題を解決することが考えられます。

その際、M&Aを見据える場合には、自社の独自システムを開発したりするよりは、パッケージとして提供されている汎用性のあるシステムを利用することをお勧めします。なぜなら、M&A後のPMI（M&A後の統合のこと。）を行う際、他者と異なる独自システムを利用していると、システムの統合作業がうまくいかなかったり、余計なコストがかかったりする可能性があるためです。

3.「見える化」により明らかになった問題点の解決

具体例として、未払残業代の支払いが挙げられます。

よくある失敗例として、固定残業代を支払っているから、残業代の支払いは不要と考えてしまい、結果として未払残業代が発生してしまうことがあります。固定残業代とは、ひと月当たりの残業代をあらかじめ固定額で支給するものですが、固定残業代を支払いさえすれば、何時間残業させても残業代が余分に発生することはないというものではありません。実際の残業時間に基づいて計算をした結果、固定残業代を超過する金額だった場合、差額を支払う必要があります。

この場合には、差額の支払いを行うことで問題を解決します。このことにより、帳簿に乗っていなかったいわゆる簿外債務がなくなり、M&Aの際のトラブルを減らすことができます。

また、例えば、「見える化」の過程で会社の株式が株主の相続などを通じて散逸してしまっているということが分かった場合には株式の集約をする必要があります。

他にも、会社財産の整理等も重要です。

4. 早期に着手することの重要性

「見える化」と「磨き上げ」のプロセスは、事業承継における重要なステップとして紹介されることが多いですが、スモール M&A においても、「磨き上げ」をすることにより、少しでも高く、少しでも早く、少しでもトラブルなく M&A を成立させることができるようになるため非常に重要です。

そのため、「見える化」と「磨き上げ」の作業に早めに着手することで、事業価値を高め、より好条件での M&A の成立を実現できるようにすることが重要です。

以上をまとめると以下の図のようになります。

磨き上げ	
事業価値の向上	問題の解決
・ 経営改善を行う ⇒より好条件での M&A の成立を実現する	・「見える化」により見つかった問題点を解決する ⇒M＆A をスムーズに行えるようにする

※早期に着手し、日ごろから取り組んでおくことが重要

5. 専門家の活用

「磨き上げ」をするには専門家の関与が重要になります。

事業価値の向上であれば中小企業診断士に相談をすることが非常に有益です。また、「見える化」で判明した問題の解決についても、例えば株式の集約であれば、弁護士に買取交渉を依頼したり、買取交渉がうまくいかなかった場合に、他にどのように法律的に取れる手段があるのかを相談することが重要です。他にも、社長個人所有の財産を会社に移転させたり、社長からの借入金を処理したりする場合には、税務上問題がないか、税務処理がどのようになるのかといった点を税理士に確認すべきです。長年就業規則の変更をしておらず、法改正をしっかりと反映できていないのであれば、社労士に相談して最新の法規制に合わせた内容にアップデートしておくことが重要です。

このように、「磨き上げ」を適切に行うためには幅広い分野において専門的な知識が必要となるため、専門家への相談が非常に重要となります。

第3章-2 売り手の視点 *203*

Q 3-7 名義株への対応

> M&A で当社を売却したいのですが、名義のみで実態としては株主ではない者も複数います。こういった場合、どのようにして株式を売却すればよいのでしょうか。

Answer

名義のみの株主に対して、株式の売却交渉は可能ではありますが、かなりの労力が必要とご認識ください。

【解説】

1. 複数株主の存在

中小企業においては、経営と所有が一致している、すなわち、株式が分散していないことも多くみられます。他方、創業者の相続により、後継者以外の親族に株式が相続されている場合、創業時に知人などに資金調達のために株主になってもらった場合、創業以降に株式を発行している場合など、様々な理由があります。M&A の実行にあたって、経営者以外の株主の同意を取り付ける必要が生じるほか、株式譲渡の事案では、その株主に対し株式譲渡そのものに同意してもらわなければならないからです。

株主が分散しているだけでも大変ですが、さらに気を付けなければならないのが、「名義株」です。

2. 名義株の存在

(1) 名義株とは何か

名義株とは、会社の株主名簿上の株主とその株式の真実の所有者とが一致しない株式のことをいいます。本当の株主でない人間が、株主名簿に登載されている状態です。名義株の所有者は、真の株主ではないのです。

(2) 名義株が生じる原因

会社の関係を規律する会社法について、改正前の旧商法では、会社の発起設立に7名以上の発起人が必要だったため、実際に資金を拠出する出資者が経営者のみであっても、知人や親戚などから名義を借りて発起人とする事例がよくみられました。法律の規定に基づいて広く発生した事象であり、買い手にとって、売り手の株式に法的な問題がないかどうか、必ず確認しておくべき一般的な問題です。

その他にも、他人に株式の取得事実を知られたくない場合に名義を借用することや、相続対策として子ども名義の名義株を作るというのも、名義株が発生する原因です。

(3) 名義株の影響

名義株が存在するということは、その株式の保有者は名義を貸している人なのか、それとも借りた人なのかという問題が生じ、株主が確定していないという状態を意味します。

買い手企業にとっては、売り手企業の株主が不明確な状態でM&Aを実行して、株主譲渡代金を支払った後になって、名義株主から、売却代金を要求されるというリスクがあります。これでは、M&Aが実行できないという結果になります。

名義株主が既に故人であったりした場合には、株主名簿自体が間違っているということになり、誰がその株式を相続したのかというところから調査を始めなければなりません。M&Aにかかわらず、先送りできない問題といえます。

(4) 名義株の法的な問題点

① 名義株であるか否かの判断基準

名義株であるかの判断基準は、実際に出資したのは誰なのか、株主総会の議決権は誰が行使しているのか、配当は誰が受け取っているかなどの事実を考慮して、総合的に判断することとされています。株券を発行してい

る会社の場合は、株券を誰が持っているかなども判断基準となります。

いずれも明確な判断基準ではありませんから、名義株に該当するかどうかは、予測可能性が低いといえます。

② 立証の困難性

特定の株式が名義株にあたるか否かが争いになった場合、真実の株主がだれか証明することは非常に困難です。証明は、以下のような観点から行います。

- 出資金の払込状況
- 株券の所有者（保管状況）
- 株主名簿の記載内容
- 配当の受領者
- 配当所得の申告

これらの証拠は、時間が経過すれば経過するほど散逸し、証明をすることが困難になっていきます。特に、名義株であることが争われている株式について、相続が発生したような場合には、証明の困難度は一層高まります。

③ 善意取得

さらに当該株式の相続人が当該株式が相続の対象であることを信じて相続しているような場合、法律上の「株式の善意取得」という理論により、相続人に対しては、名義株であることを対抗できなくなってしまうリスクが高まります。

（5）名義株問題への対応方法

① 名義人が名義株であることを認める場合

この場合は、名義株であることの確認書を作成し、名義株主の署名および押印を得ます。

そして、取締役会の承認を経て、名義株主から真実の株主への株主名簿の書き換えを行います。

② 名義人が名義株であることを認めない場合

この場合は、究極的には、株主権の確認を求めて裁判所に訴えを提起する必要があります。もっとも、訴訟手続には時間がかかり、訴訟の結果も不確実です。そこで、真実の株主が名義人であることを認めたうえで、経営者又は会社が、名義人から株式を買い取ることが考えられます。

(6) 表明保証による対応

M&A の実行にあたっては、必ず、株式譲渡契約書や事業譲渡契約書などの契約書を作成します。その契約書の中では「表明保証」という条項が必ず設けられます。表明保証とは、契約に関連する事柄が間違いなく事実であることを保証し、もし違っていた場合は、それにより発生した損害を賠償することを約束するものです。

この表明保証条項のなかに、名義株主が保有する株式は名義株であること、万一、名義株主が真の株主と判断された場合は、株式の取得費用を売り手が支払うことにしておけば、買い手は、一定の安心感をもって M&A を進めることができます。

$\mathbf{Q}$ 3-8　会社財産の整理

> M&A で会社や事業を売却するためには、会社財産についてどのようなことをする必要がありますか？

Answer

まずは、会社財産と個人財産を明確に区別するなど、会社の資産を整理することが必要になります。また、会社財産の帳簿価額を適切な時価評価に直しておくことも必要になります。債務超過状態の会社などの場合は、私的整理などの形で借入金を整理したうえで事業譲渡を行うこともあります。現社長が会社の債務を保証している場合には保証を外す必要もあり、その際は「経営者保証ガイドライン」などを活用することになります。

【解説】

1. 会社・事業売却の準備

株式譲渡では、株式を譲渡した結果、債務や財産を含めた会社そのものが買い手に移転することになります。このとき、どの財産が会社の物なのかが判然としないと、後日トラブルが発生するおそれがあります。一方、事業譲渡では移転させる財産を特定したうえで契約書に明記する必要があります。

中小企業では、会社の財産と社長個人や社長の近親者の財産が混在していることも多くありますが、このように、株式譲渡と事業譲渡のいずれの方法による場合であっても、どの財産が移転の対象となるかを特定する必要があります。そのため、会社の財産と社長個人の財産について、現時点でどのような状況になっているのかをまず把握し、必要に応じて社長個人の財産を会社に移転するなどの処理をして整理する必要があります。

また、会社の事業とは関係がなく、使用していない不動産などの遊休資産がある場合、それを売却して整理するなどしておくと、売却がスムーズに行えます。

2. 作業手順

(1) 譲渡対象となる財産の特定

　最初に、M&A の際に買い手に移転させる必要がある財産を特定します。具体的には事務所や工場など、事業に使用している土地建物のほか、自動車や機械設備など、事業を行うために必要な設備を特定します。

(2) 名義の確認

　不動産や自動車など登記や登録をする財産については、誰名義で登記・登録がされているのかを確認する必要があります。当然会社のものだと思っていたけれど実際は違った、ということも十分にあり得ますので、1 つひとつしっかりと確認をしてください。

　また、場合によっては会社がお金を出していないが、名義は会社となっている、ということもあり得ます。財産の取得時に会社の帳簿上、会社からの出金がないような場合には、誰が資金を出したかについて、記録が残っていないか確認をするなどして、実際の所有者が誰なのかを特定する必要があります。実際の所有者と名義人が異なる場合には、登記・登録名義を変更したり、会社名義で買取を行うなどの対応をする必要があります。

(3) 財産の整理

　名義の確認が済んだら、売却後に買い手が財産を適切に取得できるように、財産の整理を行う必要があります。

　例えば、社長個人名義の不動産の上に会社の工場がある場合で、社長・会社間で土地使用に関する取り決めがない場合、通常は無償での使用を認めた使用貸借という契約関係があることになります。しかし、使用貸借契約の場合、契約の終了及び明渡しが容易に認められるため、買い手側の企業はそのような状態のままでの買取を嫌がるのが通常です。そこで、このケースでは、社長が所有している土地を会社に譲渡し、土地も含めて会社または事業を譲渡するという方法が考えられます。また、賃貸借契約の場合は、使用貸借契約とは異な

り、契約の終了や明け渡しが容易には認められないため、どうしても土地を手放したくないという場合には、賃貸借契約を社長と会社間で締結すべきこととなります。

3. 借入金の整理

　債務超過会社など多額の債務を負っている会社の場合、借入金の整理も行う必要があります。具体的には、弁護士などを通じ金融機関などの債務者と債務の減額などについて交渉し（破産などの裁判所を通じた手続きである「法的整理」と対比して「私的整理」といいます。）、事業譲渡の場合であれば、事業譲渡により取得した対価で返済を行います。

　株式譲渡の場合には、債務もそのまま引き継がれるので、債務の金額も考慮して譲渡代金が決まることになりますが、非常に優れた技術があり、債務超過の状態でも購入したい、あるいは、現在は赤字だが、事業としての価値が高く、今後返済できる見込みがある、という会社であれば、買い手がつくこともあります。しかし、実際はそのようなケースは多くはないため、債務超過の会社で高額の対価を得て売却をするというのは容易ではありません。

4. 保証債務について

　多くの中小企業では、会社の借入れに社長個人が連帯保証（経営者保証）をしているというケースがあります。事業譲渡の場合には元の会社に債務が残ったままになるので、返済の必要があります。債務超過の場合であれば、前記3. の様に私的整理で債務を減免したうえで、事業譲渡の対価から返済をするなどの処理をすることとなります。株式譲渡の場合には債務もそのまま買い手に引き継がれますので、保証債務がそのままになっており、買い手の会社の経営がうまくいかなかった場合には、前社長が支払いの責任を負うことになってしまいます。このような状態は非常に不合理なので、前社長個人による連帯保証を外す手続きを行う必要があります。

　保証債務を外す際は、「経営者保証ガイドライン」に従って手続きを行うこ

とになります。同ガイドラインでは経営者保証を外す要件を定めており、法律的な拘束力はないものの、定められた要件を満たす場合には、金融機関が保証の解除に応じてくれることが通常です。要件はいくつかありますが、その1つとして会社財産と社長個人の財産が明確に分けられていることが要求されていますので、この観点からも、前記した会社の資産の整理をしておく必要があることになります。金融機関に対し、要件を満たすことを説明して交渉を行うのは容易ではないので、弁護士などの専門家に相談して手続きを進めていくことをお勧めします。

第3章-2　売り手の視点　*211*

Q 3-9　経営者保証の解除

> 1　現在、私が会社の保証人となっているのですが、それでも会社を
>　　売ることはできますか？また、会社を売った場合に保証を外すこ
>　　とはできますか？
> 2　M&A で購入する会社は、金融機関からの借入れがあるようで
>　　す。この借り入れについて、連帯保証人になることが前提のよう
>　　ですが、回避する方法はありませんか？

Answer

1　会社を売ることは可能ですが、保証を外しておかないと、そのまま保証人
　　としての地位が残ってしまうため、保証を外す必要があります。株式譲渡の
　　場合には「経営者保証ガイドライン」を活用することで保証を外すことがで
　　きる場合があります。また、事業譲渡の場合には、会社を売却したときの譲
　　渡金で債務を弁済し、保証を外すという方法も考えられます。

2　経営者保証ガイドラインの要件を満たすことで連帯保証を新たにしなくて
　　も済むことがあります。

【解説】

1．会社を売った場合の保証人としての地位

　M&A には、大きく株式譲渡による場合と事業譲渡による場合があります。
保証人としての地位がどうなるかの前提として、保証の対象となる債務がどう
なるのかがそれぞれの手続きで異なりますので、以下、場合を分けて説明しま
す。

(1) 株式譲渡の場合

　債務もそのまま一括して買い手に移ることになります。そのため、保証債務
について対応をしないと、会社は自らの手を離れた状態であるにも関わらず、

会社の借金を保証する、という状態となります。通常、社長が連帯保証をするのは自らが経営に関与しているからであり、連帯保証をする実質的な理由もありません。しかし、法律上は会社を売却したからといって、自動的に保証が外れるようにはなっていません。

そこで、このような状態を解消するため、保証を外す必要があります。

(2) 事業譲渡の場合

買い手に移すもの（什器だけでなく人も含みます。）と売り手に残すものを選択することができますので、債務は移さず、売り手に残したままとし、債務を引き継がないことを前提とした金額での譲渡とすることが通常です。

会社と債務は売り手に残ることになりますが、事業を売却してしまうと、債務を返済するための原資を得ることができなくなってしまいます。そのため、事業譲渡により得た対価を原資として債務を弁済することになります。

事業譲渡の対価が債務を弁済するのに足りない場合は、一緒に債務整理などをする必要がありますが、この点については後述します。

2. 株式譲渡の場合の保証の解除

前述のとおり、保証をそのままにしておいてしまうと、自らが経営に関与していない会社の借金の責任を取らされる、という状態となってしまいます。この場合に保証を外すための手段として、「経営者保証ガイドライン」が策定されています。また、要件を満たすことで、買い手側で新たに経営者保証をしなくてもよい、となることがあります。

「経営者保証ガイドライン」は法律ではないものの、全銀協（一般社団法人全国銀行協会）が策定に関与したルールであり、金融機関であれば経営者保証ガイドラインに従った対応をするのが通常です。

(1) 経営者保証ガイドラインによる保証解除の要件

①法人個人の一体性の解消、②財務基盤の強化、③財務状況の適時適切な情

報開示の３つが保証を求めずに資金調達をする要件、保証を解除する要件として挙げられています。

①法人個人の一体性の解消については、中小企業ではありがちな、社長個人の財産と会社の財産が明確に区別されていない状態を解消することです。例えば、社長個人が所有する土地の上に会社の建物や工場が建っていて、特に契約関係もなく、会社の物であるかのように使わせている場合などがこれにあたります。この場合、会社にそれらの財産を買い取らせるなどの対応をする必要があります。また、「経費」などの名目で私的な費用を会社に負担させるようなことも避けなければなりません。

②財務基盤の強化については、端的に業績を改善する、ということになります。具体例としては、業績堅調で内部留保が十分な場合のほか、業績が不安定でも内部留保が潤沢で、借入金の返済が可能な場合や内部留保が潤沢ではなくても業績が好調で今後の借入の返済ができる可能性が高い場合などが挙げられていますので、少なくとも、内部留保または業績面で借入金の返済が可能であるという状況であることが必要となります。

③財務状況の適時適切な情報開示については、本決算の報告はもちろん、試算表や資金繰り表等の定期的な開示が求められています。

会社を購入した場合でも、上記の要件を満たしていれば、買い手において連帯保証をせずに済むことがあります。

(2) M&A の場合

事業承継の場合に伴う保証解除の場合は、前記（1）の要件を満たすことが求められるほか、旧経営者が形式的にも実質的にも経営から退く場合、旧経営者が法人から社会通念上適切な範囲を超える借入等を行っている場合で、これが返済される場合、法人の返済能力や担保が乏しく、金融機関が旧経営者の資産を考慮して信用を補完しており、後継者から同等程度の保全が提供される場合などには、事業承継時（M&A 時）に旧経営者の保証が解除されやすくなるとされています。

3．事業譲渡の場合

　前記したとおり、基本的には事業譲渡の対価から、残った債務を返済し、保証を解除することになります。

　事業譲渡の対価では債務を返済しきれない場合には、合わせて債務整理を行う必要があります。

　弁護士を通じ、金融機関と交渉し、新会社が債務の減免を認めてもらったり、分割払いの交渉をしたりします。このような場合、金融機関としても破産をされてしまうと１円も回収できないことになりかねないので、預金通帳の写しを提供するなど、経営者個人の財産状況を適切に開示することで、破産をするよりも少しでも返してもらったほうがよいと判断し、交渉に応じてくれるケースも多くあります。そのため、あきらめずに誠実に金融機関と話し合いをしていくことが重要となります。

4．注意点

　前記のとおり、経営者保証ガイドラインという一定のルールはあるものの、経営者保証の解除の最終的な判断は金融機関等の判断によることとなります。

　M&Aの場面では、秘密保持を徹底の必要性から、クロージング後に売り手の経営者保証の解除を行うこともあることから、クロージング後に売り手の経営者保証の解除がなされないリスクも想定し、対処しておく必要があります。

　具体的な対応策としては、①弁護士等の士業等専門家や事業承継・引継ぎ支援センターへの相談、②クロージングまたは最終契約前に秘密保持を徹底したうえで買い手・売り手が一緒に経営者保証をしている金融機関等に事前相談を行う、③最終契約において、買い手側の義務として保証の解除等を位置づけたうえ、保証の解除等がなされなかった場合に契約を解除できる条項や補償が支払われる条項等を盛り込むことが考えられます。

　いずれについても、具体的にどのような対応をすべきかについては、各会社の具体的な状況に応じたケースごとの判断が重要になってきますので、専門家等へ相談をすることをお勧めします。

第 3 章-2　売り手の視点　　*215*

Q 3-10　再生 M&A

　実はあまり業績が良くなく、コロナ禍で借入金も増えているので
すが、当社の事業自体は良いものだと思っています。どうにか雇用
と事業を守りたいのですが、当社のような状況でも買ってもらうこ
とはできるのでしょうか。買ってもらうとすると、通常よりも安い
価格になるのでしょうか。

Answer

　業績不審や再生企業であっても、M&A は可能ですが、手続は複雑となりま
す。ただし、買い手にとっては、金銭的なメリットがあるものと考えられます。

【解説】

1．有事の M&A

(1) 有事の M&A

　本設問では、有事に至っている中小企業（以下「再生企業」といいます。）
の事業再生のための M&A を「再生 M&A」といいます。なお、「有事」とは、
収益力の低下、過剰債務等による財務内容の悪化、資金繰りの悪化等が生じた
ため、経営に支障が生じまたは生じる恐れがある場合をいいます（中小企業の
事業再生等に関するガイドライン 8 頁）。

　まず、再生企業でも M&A は可能です。会社の事業価値は、買い手が判断
します。買い手にとって、買い手の事業とシナジーを有していると判断する場
合や、買い手によるテコ入れで有事から脱却できると判断する場合には、
M&A は成立します。業績が良くないからといって、事業の継続が不可能とい
うことはありません。

　次に、再生 M&A における事業の譲渡価格は、後に述べる理由から、相応
に安いものとならざるを得ないのは事実です。そのため、FA や仲介業者の報
酬が安価とならざるを得ず、再生企業の M&A に関与する FA や仲介業者は

多いとはいえません。それゆえに、再生企業の M&A の市場が大きくならないということがいえます。また、再生企業の M&A の場合、事業再生に関連する様々な知識が要求されるため、この点も、高い参入障壁となっているものと考えられます。他方、再生企業から事業を安く購入し、黒字化して売却することでリターンを得ることを目的とする買い手も存在します。

なお、再生 M&A においては、ゴールが「事業再生」なのか「企業再生」なのかも、意識して区別する必要があります。事業再生は、収益力の低い事業を、債務整理手続や事業再生計画の実行等によって再生させる手法です。一方、企業再生とは、同様にして、収益力の低い企業そのものの（法人格）の維持を図る方法です。法人格を維持する場合、スポンサーに対する株式譲渡等の手続きを用いることになりますが、簿外債務を負担するリスクが高く、債権放棄が絡む場合には、税務償却上の問題が生じます。このため、再生 M&A においては、企業再生は、あまり好まれる手段とはいえません。

本問においては、事業再生の観点から解説を行います。

(2) 再生 M&A における譲渡価格

M&A における事業の譲渡価格は、売り手と買い手の交渉を経て合意されます。再生企業の場合、儲からないからこそ有事に至っているわけですから、事業価値そのものである M&A の対価が低いものになることは、自明といえます。

再生企業は、時の経過により資金が流出し続け、事業価値の劣化が進んでいくことになりますので、売り手には、早期に事業を売却したいというインセンティブが働きます。買い手としても、儲かっていない企業を買うことは、そのままでは投資に見合ったリターンを得られない可能性があり、リスクに見合った譲渡代金しか払えない状況にあります。

以上の次第で、再生 M&A における譲渡対価は、平時に行われる M&A よりも安くなる傾向があり、金融機関を中心とする債権者において、安い譲渡対価への納得性が高まるということになります。

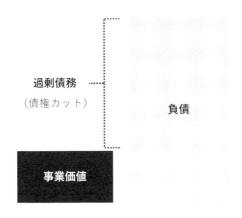

(3) 再生 M&A における債権カット

再生 M&A では、過剰債務をカット（債権放棄）し、これを前提に、第三者へ事業を承継することを内容とすることが多くあります。過剰債務を抱えたままでは、買い手が現われません。

(4) 再生 M&A の意義

再生 M&A において、買い手である債権者は、早期に、経済合理性が認められる範囲で債権を回収することができます。他方、売り手である債務者は、特に私的整理の場合、従業員の雇用維持、取引継続による取引先の保護（取引先に迷惑をかけない。）を図ることができます。地域の雇用を守り、連鎖倒産を防止することで地域経済へのダメージを軽減することができるということです。このように、再生 M&A には、社会的な意義があります。

(5) 再生 M&A の態様（第二会社方式）

再生 M&A は、以下のような条件が成り立つ場合に成立する取引です。売り手の当面の資金繰りが持ち、将来の再生が見込まれ、債権放棄が必要な場合にはこれに合理性が認められることが必要です。

① 再生企業の資金繰りが M&A の完了まで維持できる。
② 売り手の保有する経営資源のみで再生はできないが、金融支援（債権カットやリスケジュール）を行ってくれる第三者が存在する。
③ 債権放棄が必要であるが債権放棄について債権者の経済合理性が認められる

　そして、債権放棄が必要な場合には、いわゆる「第二会社方式」といった再生手法が用いられます。第二会社方式とは、再生企業の収益性のある事業を切り出して、事業再生を行う手法です。再生企業において、採算の取れている事業とそうでない事業がある場合、前者だけを他の会社（第二会社）に承継します。そして、不採算事業が残った再生会社について、清算の手続き（特別清算等）を実行する方法です。
　第二会社方式のメリットは、会社を2つに分割することで、不採算事業だけを切り離して処理することができ、採算の取れている事業を承継した会社の経営状況に影響が及ばなくなるというところです。債権者の税務償却の観点からもメリットがあります。

2. 私的整理と M&A
　再生 M&A のイメージを持っていただくため、以下では、具体的な手続きについても、簡潔に説明します。

（1）私的整理と法的整理
　事業再生の方法は大きく分けて法的整理と私的整理の2種類があります。
　法的整理は、裁判所が関与する方法です。法的整理の代表的な方法として民事再生があり、民事再生法に基づき、負債を減額することで事業の再建を図ります。
　民事再生の場合、整理の対象となる債権者が取引債権者を含む全債権者となるため、手続きの過程で、取引先に手続開始の事実が知らされ、取引先に対す

る支払も一部しかなされないことになるため、信用毀損の程度が著しく、手続き終了後に、取引停止や取引量の減少などが生じる可能性があります。

　他方、私的整理は、金融機関債権者のみと協議を行い、事業再生計画に了承を得たうえで事業再生を行いますので、再生の事実が公表されるおそれがなく、信用毀損の程度を低く抑えられます。ただし、1人でも金融機関債権者が反対した場合、事業再生計画案が成立しないため、金融機関調整が難しいというデメリットがあります。

（2）私的整理の進め方

　私的整理の進め方としては、「中小企業の事業再生等に関するガイドライン」に基づく方法、事業再生ADRを用いる方法、中小企業活性化協議会を活用する方法など、多岐にわたっています。「中小企業の事業再生等に関するガイドライン」は、2022年4月15日から利用が開始された私的整理に関するルールであり、第三者専門家の関与の下で、債務整理を進めます。事業再生ADRは、事業再生実務家協会の関与の下で、中小企業活性化協議会は、各都道府県に設置された同協議会の関与の下で、債務整理を進める手法です。いずれも金融機関から借入金のみを対象として、債権放棄やリスケジュールを含む計画を策定する手法であり、取引先を巻き込みません。

（3）私的整理でのM&A

　私的整理においても、事業再生計画において、M&Aを行う場合があります。

　やはり第二会社方式が用いられるのが通常で、スポンサー企業による対象会社の事業譲り受けを内容とする事業再生計画を策定し、これに対する全行同意を経て、M&Aが実行されるという流れです。

　私的整理計画においても、相談企業の財産評定が行われ、当該企業が破産した場合の清算価値を算出し、M&Aの対価がこれを上回るものであれば、経済合理性が認められ、金融機関債権者も同意へのインセンティブが働くということになります。

220 第3章 スモールM&Aと事業承継を実行するための具体的ポイント

したがって、理論上は、買い手がこの清算価値以上の対価を提示すれば、当該価格でのM&Aが成立するということになります。清算価値の算定にあたっては、例えば、不動産は、早期処分価格ということで数十パーセントの評価減がなされますので、清算価値は継続企業価値よりも安くなるということになります。

3. 法的整理とM&A

(1) 民事再生とM&A

民事再生手続きにおいては、策定される再生計画の中で、債権を大幅にカットすることになります。もっとも、債権者の同意を得るためには、カット率を上げて、「破産するよりは再生計画に同意したほうがよい」ということを明確に示して、計画に同意してもらう必要があります。そのため、民事再生においては、スポンサーを確保し、スポンサーに事業譲受けの対価を支払ってもらうことで弁済原資を増大させる必要があります。民事再生手続きにおいては、再生M&Aがスタンダードとなっているともいえます。

民事再生手続きでは、財産評定手続きが設けられており、破産した場合と再生計画に基づく弁済との金額を比較するための手続きを必ず経ることになっています。買い手としては、財産評定に基づいて算定される清算価値を超える譲渡対価を提示すればよく、譲渡対価は、私的整理同様、割安になることが見込まれます。

(2) 破産とM&A

破産手続きに関連する再生M&Aというものもあります。破産手続きの開始申し立て前に、申立人である売り手が、裁判所や裁判所から選任される破産管財人候補者と調整のうえで再生M&Aを実施したり、破産手続き開始後に、破産管財人の下で事業を継続し、破産者（再生企業）の事業を譲渡したりするという方法です。

破産手続きにおいては、財産評定の手続きはありませんが、売り手である破

産管財人は、清算貸借対照表を作成し、破産会社の財産を早期かつ適切な価格で換価し、債権者に配当するという役目があります。他方、買い手にとっては、破産会社の事業を購入するというのは、風評的にも高いハードルがあるものと思われます。やはり、譲渡対価は破産手続きの早期終結の観点から、相応に安くなるということになります。

4. 再生 M&A へのアクセス

　再生 M&A は、手続きが密行するため、そもそも買い手がアクセスしにくいという難点があります。売り手としても、広くスポンサーを募るということができないので、やはり案件自体が見えにくいといえます。

　そのため、買い手としては、「再生企業でも購入する意向がある」旨を表明して、FA や仲介会社を利用したり、プラットフォームに登録したり、事業承継・引継ぎ支援センターに登録することにより、再生 M&A に触れる機会を作ることになります。

　その他、報酬の観点から FA や仲介会社が関与し難いということがあるため、取引金融機関、コンサルティングファーム、公認会計士、弁護士、中小企業診断士など、再生 M&A に触れる機会のある機関との関係を構築しておくということが重要です。金融機関経由で購入する場合、購入資金の融資までお願いできる可能性もあります。

5. 保証人の債務整理

　会社の再生 M&A と同時に進めなければならないのは、社長の保証債務の整理です。個人保証は会社の再生 M&A における債権放棄とは直接関係なく、会社債権が支払い免除を受けても影響はありません。近時は、「経営者保証に関するガイドライン」による破産以外での処理もかなり行われるようになってきており、売り手も安心して再生 M&A に取り組むことができるものと思われます。

第3章-3

M&A 実行時の
法律問題

Q 3-11　M&A における株式譲渡と事業譲渡の違い

> M&A を実行する際、株式譲渡と事業譲渡があると聞きました。
> 両者の違いは何ですか？

Answer

　株式譲渡は、買収対象となる会社の株式を譲り受けることで会社そのものを取得することです。事業譲渡は会社そのものを取得するのではなく、特定の事業だけを取得する手続きになります。

　株式譲渡は会社のオーナーが変わるだけであり、会社自体は変わりません。一方、事業譲渡は事業を売却した後も売却した会社そのものは残り、売却の対象となった事業だけが買い手の会社に移ることになります。

　大きな違いとしては、債務を含む権利関係がそのまま何もせずに引き継がれるかどうか、許認可が引き継がれるかどうか、といった点になり、通常は、M&A により実現したいことは何か、費用がどのくらいかかるかといった観点からどちらの手続の方が適切かを判断することになります。

【解説】

1．M&A の手法

　「M&A」とは、法律に定義がある用語ではなく、広く事業を売ったり買ったりすることを言います。そして、M&A の手法として株式譲渡や事業譲渡などの手段があります。実際には合併や会社分割などといった方法もあります

が、スモール M&A の場面では株式譲渡か事業譲渡を用いることがほとんどなので、この2つに絞って説明をします。

2. 株式譲渡

会社の株式を譲渡することで、会社そのものを買い手が取得することになります。会社のオーナーが変わるだけですので、対象となった会社の契約関係（特に債務）や許認可などは、特段の手続を要せずに、そのまま引き継がれます。

簡便な方法であるものの、例えば、帳簿上計上されていない未払いの残業代債務があるような場合には、そのまま引き継いでしまいますので、注意が必要です。

3. 事業譲渡

会社そのものではなく、会社の行っている事業だけを買い手が取得することになります。

事業の譲渡後も譲渡した会社は残ることになります。そのため、契約関係や許認可などはそのまま譲渡した会社に残ることとなり、事業譲渡をしたからといって、契約関係や許認可がそのまま自動的に買い手の会社に移転することはありません。

契約については、個別に契約相手に話をし、買い手の会社と新たに契約を締結しなおすこととなります。従業員との雇用契約も同様ですので、買い手に引き継がれる従業員との間では個別に雇用契約を締結しなおす必要があります。また、許認可についても、買い手の会社で改めて取得しなおさなければなりません。

一方で、当然に債務まで引き継ぐものではないため（支払いを不当に免れる場合などの例外はあります）、未払残業代などの簿外債務を引き継がなくて済む、などのメリットがあります。

また、売り手は、商法第16条第2項により同一の市区町村および隣接する

市区町村の区域内においては、営業譲渡の日から20年間、同一の営業を行ってはならない義務（競業避止義務）を負いますが、この義務は契約書で免除することができます。売り手の場合は契約書にて免除するよう買い手に求めるべきかどうかも検討する必要があります。

4. 手続きの選択基準

(1) どちらかの手続きによるほかない場合

　例えば、許認可について、新規の許認可が取得しにくい場合や、新規の許認可を取得する時間を省略したい場合には、許認可を取得しなおす必要がある事業譲渡は選択できず、株式譲渡の方法を採用することとなります。

　また、事業譲渡の場合では契約の引継ぎに際して、契約相手の承諾が必要になるため、承諾が得られる可能性が低い場合には事業譲渡の方法によることはできないことになります。もっとも、株式譲渡の場合でも、賃貸借契約、取引基本契約、フランチャイズ契約などでは、株主の変動や支配権の変動等があった場合、契約相手に解除権が発生することとしている条項（チェンジ・オブ・コントロール条項）が契約書に入れられていることがあります。この場合、M&Aを行うと、この条項により契約が解除されてしまう可能性があるので注意が必要になります。

(2) リスクヘッジ

　M&Aの場面では、通常、買い手は100％の株式の取得を希望します。そこで、株主の調査をしたが、現在の株主が誰なのかが判明せず、株式の集約（100％の取得）ができなかった場合には、株式譲渡の方法によりM&Aを行うと、他の株主を排除できないこととなります。

　その場合には、事業譲渡の方法によることで、他の株主の関与を遮断することが考えられます。具体的には新会社を設立したうえで、新会社において事業譲渡を受けることで、実質的に会社そのものの譲渡を受けたような形をとることがあります。

また、帳簿上計上されていない、いわゆる簿外債務の存在の可能性を排除できない場合には、事業譲渡の方法をとることにより、債務が引き継がれないようにすることもあります。なお、特定の債務のみを当事者の合意で引き継がせないとして、実質的に債務の支払いを免れるような形で事業譲渡を行った場合、法律上は別会社となるため、債務は引き継がれないようにも考えられますが、債権者を害するような行為をした場合、譲渡先の企業に対しても債務の支払の請求が可能になることもありますので、注意が必要です。

(3) 課税関係

事業譲渡や株式の譲渡で必要な手続きが変わるほか、課税の仕方も異なってきます。課税の内容はコストに直結しますので、税理士などの専門家に相談をしたうえで手続きを選択すべきことになります。

(4) スモール M&A における視点

一般的な M&A の場面では、株式譲渡の方が株式を譲渡するだけでよく、手続きが簡便であるため、株式譲渡の方法で問題がないのであれば、株式譲渡の手法を選択することが多くなると考えられます。

もっとも、比較的小規模な企業や事業を買収の対象とするスモール M&A においては、譲渡の対象となる資産が少なかったり、譲渡対象の事業に必要な契約（買い手に移転すべき契約）が少ないこともあります。事業譲渡の場合であれば、簿外債務のリスクなども回避することができるため、その調査を簡略化したり省略することも可能になり、専門家費用の節約も可能になります。

そのため、スモール M&A の場面では株式譲渡よりも事業譲渡の手法の方が適切である、というケースも多くなります。

もっとも、どの手法を選択するかについては、上記（1）から（3）のように様々な考慮が必要になるため、まずは、M&A において譲れない条件を明確にしたうえ、どのような手続きによるべきかを専門家に相談するようにしてください。

226　第3章　スモールM&Aと事業承継を実行するための具体的ポイント

株式譲渡と事業譲渡の比較		
項目	株式譲渡	事業譲渡
手続の煩雑さ	簡便	煩雑 ※ スモールM&Aの場合は簡便なことも多い
債務	そのまま買い手に移転する	移転することとしない限りは移転しない
契約関係 （雇用契約含む）	そのまま買い手に移転する	自動的に移転はせず、それぞれの相手方の承諾を得るのが原則
許認可	そのまま買い手に移転する	移転しないので新たに取得する必要がある
競業避止義務	なし	あり（ただし契約で免除もできる）

第 3 章-3　M&A 実行時の法律問題　　*227*

Q 3-12　コンプライアンスの重要性

　「コンプライアンス」なんて言っていたら会社が回りません。なぜコンプライアンスが重要なのでしょうか？

Answer

　「コンプライアンス」とは法令遵守のことをいいます。法律を守って会社を運営しましょう、ということです。

　M&A では、目に見えない事業や会社そのものを購入することになりますが、コンプライアンスをしっかりと意識した経営をしていない企業を買う場合、予期せぬトラブルが潜んでいて、会社の購入後にそのトラブルが顕在化することがあります。そのため、買い手の立場からすれば、コンプライアンスがしっかりできていない会社は購入しづらくなり、その裏返しとして、売り手の立場からするとコンプライアンスをしっかりしていないと会社に買い手がつきにくくなることになってしまいます。そのため、普段からコンプライアンスを意識した経営をしていくことが、M&A の場面でも重要となります。

【解説】

1. コンプライアンスとは

　「法令遵守」を意味します。簡単に言ってしまえば、法律の規定に従って普段から会社を運営し、事業に取り組んでいきましょう、ということです。

　消費者をだますような誇大広告を出さない、セクハラやパワハラをしないなどの違法行為をしないことは当然ですが、それだけではなく、法律の規定に従って会社を経営していくということを意味します。例えば、会社法では株主総会を最低年一回開催し、議事録を作成することが決められていますが、この規定に従ってちゃんと株主総会を開催して議事録も作成する、ということもコンプライアンスの一環ということになります。

2. コンプライアンスが重要な理由

　最近では「コンプライアンス」という言葉を聞くことも多くなりましたが、中小企業の経営者からは「コンプライアンスなんて言っていたら会社が回らないよ」などと言われることもよくあります。

　しかし、コンプライアンスを意識していないと、予期せぬトラブルが発生し、思わぬ多大な損害が生じる可能性があります。

　例えば、残業代を法律の規定に従って支払うこともコンプライアンスの一環ですが、「残業代を払っていたら会社がつぶれてしまう」などと言って支払いをしていない会社もあります。残業代の請求は「会社と揉める」というイメージが強いこともあり、在職中の従業員は請求をあきらめてしまうことも多くあります。しかし、会社をやめるからもう会社との関係なんて考えなくてもいい、となって残業代を請求されることがありますし、もっと大変な例でいえば、事業承継によって社長の息子が会社を引き継いだが、従業員はそれに納得しておらず、結託して一斉に残業代請求をする、などということもあります。その場合、会社としては一気に多額の支払いをしなければならなくなり、経営に大きな影響が生じてしまいます。

　このように、コンプライアンスを意識した経営をしていないということは、いわば、いつそれが爆発するかも分からない火種を会社の内部に抱えている状態といえます。

　また、大企業ではコンプライアンスの重要性がより強く意識されていることもあり、コンプライアンスがしっかりしていない企業との取引を打ち切るケースも増えています。実際に、アパレル企業が、外国人を違法に低賃金で労働させていた下請企業との契約を打ち切った例などもあります。

3. M&Aにおけるコンプライアンスの重要性

　M&Aでは目に見えない事業や会社そのものを購入することになります。そこでコンプライアンス違反が後で発覚するようなことがあると、買い手としては予期せぬトラブルに巻き込まれるうえ、思わぬ多大なコストがかかってしま

います。当然買い手としてはそのような事態を避けたいため、コンプライアンスがしっかりとしていない会社は怖くてとてもじゃないが買えない、ということになりかねません。

このことは、売り手の立場からすれば、コンプライアンスをしっかりと意識して経営されていない会社だと、買い手がつきにくくなる、ということになります。

なお、実際上は表明保証条項を活用して、残業代の未払いがないことを確約させるとともに、もし未払いが見つかったらその分の代金を返金するといったことを契約書で定めて対応することもあります。しかし、このように対応できたとしても、買い手としてはそもそもトラブルがないほうがいいのは当然ですので、表明保証条項で何とかすればよいと安易に考えるべきではありません。

4. スモール M&A におけるコンプライアンス

スモール M&A においては、事業規模が小さい会社が多いため、社長からのトップダウンでコンプライアンスを意識した経営を行うよう改善することも難しくはありません。例えば、株主が少ないのであれば法令に従って株主総会を開催するようにしたからといって、手間やコストが大幅に増えるようなことは想定しにくいといえます。

また、スモール M&A の場面では、コスト（主に専門家費用）の面で十分なデュー・ディリジェンスができないケースも多くあります。その場合は、表明保証条項を活用しつつ、仮にコンプライアンス違反が発覚したとしても、どの程度の影響になるのか、といったことを考慮したうえで、適切な条件で事業や会社を買い取ることとなります。

5. 普段からコンプライアンスを意識した経営を行うこと

以上のように、M&A の場面ではコンプライアンスは非常に重要です。しかし、現代では、そもそもコンプライアンスは会社経営を行っていく上で必須の要素となっていますし、コンプライアンスをしっかりと意識していない会社は

今後予期せぬトラブルに巻き込まれることもあり得ます。そこで、M&A を意識しているかどうかにかかわらず、普段からコンプライアンスを意識した経営をしていくことが非常に重要となります。

　厳しいことを言うようですが、「コンプライアンスなんて言っていたら会社が回らない」という会社は、今後存続していくべきではない、とされてしまう時代になりつつあります。

　以上の内容をまとめたのが以下の図になります。

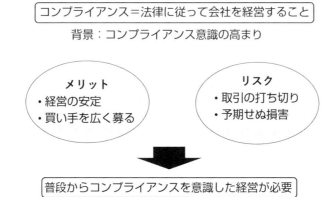

第3章-3 M&A実行時の法律問題 *231*

Q 3-13　M&A 関連契約の留意点

株式譲渡契約や事業譲渡契約の留意点を教えてください。
弁護士に相談しなければならないでしょうか。

Answer

留意することが多岐に及びます。弁護士など専門家にご相談して契約することをお勧めします。

【解説】

1．M&A ガイドラインの参考契約

（1）参考契約の存在

M&A ガイドラインにおいては、参考契約として、秘密保持契約書のほか、株式譲渡契約書や事業譲渡契約書が掲載されています。中小企業の M&A が円滑に行われるためのツールであり、弁護士に対して一から契約書のドラフトを依頼するというプロセスを省略することが期待でき、時間的・金銭的にも、当事者の負担を減少させるものです。

（2）基本的には必要事項は網羅されていること

参考契約書は、合意すべき事項は概ね網羅されており、当事者が合意すべき事項をもらすことなく取引を進めるという観点からは、十分な内容となっています。

他方、いかなる取引においても、個別事情に応じた特約事項が生じるものですので、買い手の立場、売り手の立場の双方から、自身にとって必要な事項を盛り込んでおく必要があります。表明保証条項があるから大丈夫、という安易な判断はせず、見えている問題点や解決すべき課題については、契約書でしっかりと対応しておくべきです。

2. 特に留意しておきたいポイント

(1) 株式譲渡契約について

① 貸付債権・借入債務の清算

　中小企業では、株式譲渡の対象となる会社（以下「対象会社」といいます。）が株主である売り手から金銭を借りていることはよく見られます。このままの状態で、買い手が対象会社の株式を取得した場合、対象会社は売り手から金銭の返還を求められることになりますし、対象会社に売り手の影響力が残ることになります。

　そこで、借入金債務の清算・放棄を、買い手の義務履行の前提条件として定める必要があります。

② 売り手との利用契約の締結

　対象会社が売り手の資産や権利を事業運営に利用している場合、株式譲渡の実行後にこれらを利用することができなくなると、買い手による対象会社の事業運営に支障が生じるおそれがあります。参考契約では、反対に、売り手と対象会社との取引の不存在が表明および保証されていますので、対応が必要です。

　このため、売り手と対象会社間の利用契約の締結を、売り手の義務または買い手の義務履行の前提条件として定めたり、売り手に契約の締結を表明保証させる必要があります。

③ 許認可の取得やクリアランス

　株式譲渡が独占禁止法における届け出義務の対象になっている場合や、対象会社の行っている事業が許認可の対象となっており、株主の交代が届け出・承認などの対象となっている場合、売り手がこれらの手続きを完了できずに株式の譲渡を実行すると、法令に違反することとなり、株式譲渡の効力発生が妨げられかねません。

　そこで、必要な手続きの実施、許認可の取得やクリアランスを得られていることをクロージングの前提条件とするほか、これらの取得にあたっての売り手および買い手が行うべき行為について、契約書に定める必要があ

ります。

④ **キーマンの雇用継続**

　株式譲渡の実行後、対象会社の事業運営にとって重要な従業員（キーマン）の雇用が継続できない場合、買い手による事業運営に支障が生じ、株式を買い受けた趣旨を達成できなくなるリスクが生じます。参考契約では、買い手の雇用継続について規定されていますが、これは正反対の義務ということになります。

　そこで、買い手としては、重要な従業員（キーマン）の雇用が継続されることを、クロージングの前提条件として定める必要があります。

⑤ **不要な契約の解除・解約**

　買い手としては、株式譲渡の実行後の買い手による事業運営にとって不要・支障となる契約は、解約するのが有益です。

　このような不要な契約については、クロージング後に解約しようとしても相手方が応じない場合も考えられるので、事前に効力を失わせておくべきでしょう。買い手が株式の譲渡を受ける前提条件として、売り手において不要な契約を解約し、その解約合意書を交付することを定める必要があります。

⑥ **チェンジ・オブ・コントロール条項対応**

　対象会社と取引先との間の契約で、対象会社が、対象会社の支配権が移転する場合にはその旨を取引先に対して通知する義務を負っている（いわゆるチェンジ・オブ・コントロール条項）場合、この通知を怠ると、株式譲渡の実行後に対象会社が取引先から契約上の責任を問われるおそれがあります。

　そこで、これらの取引先に対して株式譲渡の通知を行うことを前提条件として定める必要があります。対象会社と取引先との間の契約で、対象会社の支配権が移転する場合には取引先が契約を解除できる旨（いわゆるチェンジ・オブ・コントロール条項）が定められている場合、株式の譲渡後も契約を継続することについて取引先の承認が必要となります。

この承認を取得せずに株式の譲渡を実行すると、取引の実行後、取引先が対象会社との契約を解除してしまい、買い手による対象会社の事業運営に支障が生じるおそれがあります。参考契約における売り手の表明保証条項に、対象会社が締結する重要な契約には解除事由がないことが規定されていますが、表明保証条項に違反した場合には損害賠償請求は可能ですが、事業が継続できなくては意味がありません。

そこで、契約書において、取引の継続に関する取引先からの承認の取得を前提条件として定める必要があります。なお、法務デュー・ディリジェンスを実施する場合には、重要な契約については、チェンジ・オブ・コントロール条項がどのような内容であるか、今後いかなる対応を要するか等について、調査報告がなされます。

⑦ **軽微な違反がありそうな場合の対応**

売り手としては、売り手に軽微な義務違反があった場合にまで買い手が取引を中止できるとすると、不安定な立場に置かれます。

そこで、売り手の義務の前提条件を「重要な点において」売り手の契約上の義務に違反していないことに限定する必要があります。

⑧ **環境配慮の条項**

対象会社の資産や活動が環境法令に違反していたり、公的機関などから問題視されていることが株式譲渡の実行後に明らかになった場合、これらの対応に想定外の費用や投資が必要になったり、法令に基づく業務停止命令が下されたりと、対象会社の事業運営に支障が生じるおそれがあります。

そこで、環境についての対応が問題なく行われていることを、表明保証の項目として記載することが望ましいといえます。

⑨ **保険に関する条項**

対象会社が事故による資産の毀損や事業を運営するにあたって生じる損害に備えて保険に加入していることは、買い手にとって、事業運営における将来のリスクを小さくできるため、買い手が売り手と株式譲渡契約を締

結して実行する前提となる事項です。製造業において、株式譲渡後、従業員に労災事故が発生し、損害保険に加入していなかったことがこのときになって初めて発覚する、という事案も散見されます。

そこで、対象会社が事業や資産を保護するために必要な保険に加入していることを、表明保証の項目として定めるのが望ましいです。

⑩　訴訟に関する条項

買い手としては、対象会社が訴訟の当事者となっていたり、当事者となるおそれがあると、株式譲渡の実行後、想定外の金銭債務を負担したり、社会的信用を失うリスクがあり不利益です。

そこで、買い手としては、訴訟手続きの不存在、損害する場合の今後の対応方針などを、表明保証の項目として定める必要があります。

⑪　関連当事者取引

買い手としては、対象会社と売り手や関連会社などの間で買い手が把握していない取引が存在すると、取引実行後に想定外の権利義務の存在が発覚するなどして対象会社の事業運営に支障が生じる可能性があるため、これを表明保証の項目として定める必要があります。

⑫　基準日以後の業務活動について

買い手としては、開示を受けた最新の計算書類の作成基準日以降に、事業活動の大きな変化や経営状態に対して重大な悪影響のある事象が生じると、対象会社の企業価値が低下したり、事業運営に支障を生じたりするおそれがあり不利益です。

参考契約には基準日時点の計算書類等の適合性に関する表明保証の項目が規定されていますが、一歩進んで、計算書類の作成基準日後の業務運営に問題がないことを、表明保証の項目として定める必要があります。

⑬　株主に関する表明保証

対象会社の株主構成は、買い手が売り手と株式譲渡契約を締結して実行する前提となる重要な事項であります。買い手が把握した対象会社の株主構成が実際と異なっていた場合、買い手が契約の目的を達成できなかった

り、株式譲渡の実行後の対象会社の運営に支障が生じるおそれがあります。参考契約は、売り手が全株式を保有している前提で作成されていますので、注意が必要です。

(2) 売り手が表明保証に違反したことを買い手が知った場合でも、表明保証の効力に影響を及ぼさないこと

　売り手が表明保証に違反したことについて買い手が知っていたり、知っていたと同視できるほどの重大な不注意があった場合に、買い手が売り手の責任を追及できないとすると、買い手の立場が不安定となり不利益です。表明保証に定めておけば問題がないというスタンスが不適切であることの理由の１つです。

　そこで、買い手のこういった主観が、表明保証の効力に影響を及ぼさない旨を定めるのが望ましいといえます。

　株式譲渡契約の締結時に、既に将来買い手や対象会社に損害が生じ得る問題を売り手が認識している場合、その問題について、買い手の主観にかかわらず補償対象とすることを明確にしておくべきです。

(3) 事業譲渡契約について

　基本的には、株式譲渡契約で指摘した点については、事業譲渡契約においても、同様の対応を取られるべきものと考えます。

①　対象となる事業の明示

　雛形では譲渡対象となる事業が「○○事業」とされているだけで、内容が明確とはいえない文言になっています。そこで、「別紙記載の事業」としたうえで、別紙に事業譲渡の対象となる事業の詳細を記載する方法が考えられます。

②　危険負担

　承継対象資産について、当事者の責めに帰することができない事由で滅失・毀損等してしまい譲渡できなくなった場合に、その危険（リスク）を

誰が負担するのか、明確に規定されていません。そのため、この危険を負担する当事者を明確にする規定を設けることも検討すべきです。

③ **引抜きの禁止**

売り手は、対象事業に従事する有能な人材の情報や、人材との緊密な関係を有しており、自己または第三者の利益のため、事業譲渡の実行後に有能な人材を勧誘し、または、退職を勧めたりする可能性があります。そこで、買い手としては、売り手による対象事業に従事する役員や従業員への勧誘などの禁止を定める必要があります。

④ **商号に関する取扱い**

買い手としては、事業譲渡のクロージング後においても、譲り受ける事業の商号、商標等を売り手が継続的に使用できてしまうと、事業の運営体制に混乱が生じるなどのデメリットがあります。そこで、該当部分を削除するか、それが難しければ、永続的な使用を避けるために、許諾する期間を設けることが望ましいです。

238 第3章 スモールM&Aと事業承継を実行するための具体的ポイント

Q 3-14　従業員の処遇

M&Aを行った場合、従業員はどのような扱いになるのでしょうか？

Answer

　株式譲渡の方法によりM&Aを行った場合には、M&Aの前後で従業員の雇用契約に変更はありません。これに対し、事業譲渡の方法によりM&Aを行った場合には、譲渡先に従業員の雇用契約が承継されることはなく、譲渡先と従業員との間で新たに雇用契約を締結する必要があります。

【解説】

1.　問題の背景

　第三者への事業承継（第三者承継）においては、通常、株式譲渡か事業譲渡の方法が選択されます。

　いずれの方法による場合であっても、従業員の雇用継続は、現経営者（売り手）にとって、どうしても譲れない条件であり、他方、買い手にとっても、よほどのことがない限り従業員の雇用継続という条件には合意するのが通常です。

　もっとも、株式譲渡か事業譲渡いずれを選択するかによって、従業員の雇用承継手続は異なり、その理解が不十分ゆえに、売り手、買い手、従業員間でトラブルが生じることがあります。

　そこで、本問では株式譲渡と事業譲渡それぞれについて、従業員の雇用を承継する際の手続について見ていきます。

2.　株式譲渡の方法による場合

　株式譲渡は、譲渡し側の株主（**売り手**）が、その保有している対象会社の**発行済株式**を譲受け側（**買い手**）に譲渡することです。

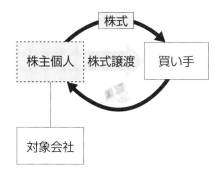

　対象会社を譲受け側（買い手）が包括承継し、子会社とするイメージです（中小M&Aガイドライン・（参考資料1）参照）。

　この場合、会社の所有者（株主構成）が変更するに過ぎず、事業主体（対象会社）は変わらないため、株式譲渡後も、対象会社の従業員の地位（雇用条件等）は維持されます。

　従業員の雇用承継のための特別の手続は不要であり、譲渡し側の株主（売り手）と譲受け側（買い手）とで株式譲渡契約を締結すれば足ります。

　結論として、株式譲渡の方法によりM&Aを行った場合には、M&Aの前後で従業員の雇用契約に変更はありません。

3．事業譲渡の方法による場合

　事業譲渡は、売り手が、その有する**事業の全部または一部**（土地、建物、機械設備等の資産や負債に加え、ノウハウや知的財産等も含む。）を、買い手に譲渡する手法です。

　資産、負債、契約および許認可等を個別に移転させる方法（譲渡される事業に属する権利義務の個別的な承継（特定承継））が行われます。

　そのため、事業譲渡では、権利義務の承継について売り手と買い手の合意だけで足りず、債権債務、雇用関係を含む契約関係を、1つひとつ、利害関係を有する者の承諾を取り付けて切り替えていかなくてはなりません。

　これを従業員の取り扱いで言えば、事業譲渡の方法によりM&Aを行う場

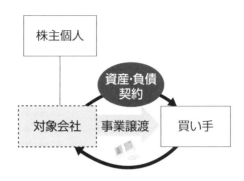

合、譲渡し先に従業員の雇用契約が当然に承継されることはなく、**買い手と従業員との間で新たに雇用契約を締結する必要**があります。

【参考】株式譲渡、事業譲渡のまとめ

	株式譲渡	事業譲渡
当事者	株主個人・買い手	対象会社・買い手
取引の対象	発行済株式 （包括承継・子会社化）	事業の全部又は一部 （特定承継）

Q 3-15 事業譲渡における従業員との雇用契約

事業譲渡の方法でM&Aを行う際に、従業員との雇用契約について注意すべき点を教えてください。

Answer

事業譲渡は、資産、負債、契約および許認可等を個別に移転させる手続きであり、買い手企業が、売り手企業の従業員との雇用関係を承継しようとする場合には、当該従業員の個別の承諾を取り付ける必要があります。

【解説】
1．事業譲渡における雇用契約の承継

事業譲渡は、対象会社を買い手企業が包括承継する株式譲渡と異なり、資産、負債、契約及び許認可等を個別に移転させる手続き（特定承継）です。

そのため、従業員との雇用関係についても、買い手企業が、売り手の従業員との雇用関係を承継する場合には、売り手と買い手企業との合意だけでは足りず、雇用関係を承継する**従業員の承諾**を取り付けて、雇用関係を切り替える必要があります。

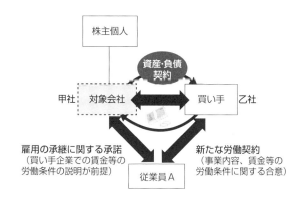

2. 事業譲渡における雇用承継の方法

　具体的な雇用承継の方法としては、次の３つの方法が考えられます。

① 　使用者としての地位の譲渡と従業員の承諾（民法第625条第１項）【譲渡型】

　　これは、売り手が、従業員に対する使用者としての地位を買い手に譲渡し、その際に、当該従業員の承諾を得る方法であり、民法第625条第１項が予定する方法です。

② 　売り手企業からの退職または解雇と買い手企業による採用【再雇用型】

　　これは、売り手において、従業員が退職し、または解雇され、いったん労働契約を終了させたうえで、買い手が当該労働者を新たに採用する方法です。

③ 　売り手企業による買い手企業への転籍命令と労働者の承諾【転籍型】

　　これは、売り手が買い手への転籍命令（復帰の予定されていない移籍）を下し、労働者がそれを承諾する方法です。

　以上の①【譲渡型】、②【再雇用型】、③【転籍型】いずれの方法によって雇用関係を承継するかは、当事者間の希望や実情によります。

　それぞれの方法の特徴としては、②【再雇用型】は、いったん売り手と従業員の雇用関係は終了し、買い手企業と従業員との間で新たに雇用契約が締結されるので、買い手企業が、売り手企業・従業員間の債権債務関係について承継することはなく、予期せぬ不利益（例えば、退職金、未払残業代）を被るといったことは少ないといえます。

　これに対し、①【譲渡型】、③【転籍型】は、基本的には、売り手企業と従業員の雇用関係が、買い手企業と従業員との雇用関係として引き継がれるので、買い手企業は、承継した従業員の退職金債権や未払残業代債権について承継し、予期せぬ不利益を被る場合があります。

　そのため、①【譲渡型】、③【転籍型】により雇用関係を承継する場合には、買い手企業が、そうした予期せぬ不利益を被らないように、事業譲渡契約

書などに、買い手企業が従業員に対して負っている退職金債務や未払残業代債務については一切承継しない旨を明記し、万一、承継した従業員から退職金や未払い残業代を請求された場合には、売り手企業において対応し、一切の責任を負うなどの規定を入れておくことが望ましいです。

3. 事業譲渡契約書の規定例

　中小M&Aガイドライン・(参考資料7)(5)事業譲渡契約書サンプルには、譲渡会社・譲受会社間の事業譲渡契約において、従業員の雇用関係を③【転籍型】によって承継することとして、以下のような規定例があり、参考になります(甲=譲渡会社、乙=譲受会社)。

「第5条(従業員の取扱い)

　　1　甲は、承継対象事業に従事している甲の従業員を、乙の従業員として**転籍**させるものとし、詳細については甲乙別途協議の上決定するものとする。

　　2　甲は、クロージング日に、前項により乙に転籍する従業員に対し、クロージング日までに発生する賃金・退職金債務その他甲との労働契約に基づき又はこれに付随して発生した一切の債務を履行し、乙は同債務を承継しないものとする。」

　第1項は、転籍により雇用関係が承継されることを明記したうえで、転籍に伴う賃金など労働条件や具体的な転籍の手続きなどの詳細については、別途、売り手企業と買い手企業との間で協議すると定め、柔軟性を持たせています。

　第2項は、上記2. で述べたとおり、③【転籍型】においては、買い手企業は、承継した従業員の退職金債権や未払残業代債権について承継し。予期せぬ不利益を被る場合があるので、そのようなことが生じないよう、「賃金・退職金債務その他甲との労働契約に基づき又はこれに付随して発生した一切の債務」について、買い手企業(乙)は承継しないということを明記しています。

4. まとめ

以上のとおり、事業譲渡における雇用契約の承継には、**対象となる従業員の個別の承諾が必要**であることが、まず、注意点すべき点です。

また、①【譲渡型】、③【転籍型】によって、雇用関係を承継する場合には、買い手企業が、売り手企業で発生した退職金、未払残業代などを承継して予期せぬ不利益を被らないように、あらかじめ事業譲渡契約書において、売り手企業で発生した一切の債務を承継しないことを明記しておくことも、注意すべき点です。

第3章-3 M&A実行時の法律問題 *245*

Q 3-16 FA の役割と依頼の範囲

FA 選定にあたって、FA にはどこまで業務をお願いできるので
しょうか。診断士の先生にすべてお願いできるのでしょうか。

Answer

FA は、相手の探索から実際の契約の成立まで、M&A の各種の過程で助言
サービスを行う者です。FA は、それぞれ得意分野・不得意分野があるので、
M&A の全体像を理解したうえで、必要な範囲で依頼を検討ください。

【解説】

1. FA とは

FA は、Financial Adviser（ファイナンシャル・アドバイザー）の略語で
す。M&A を検討している企業に対し、計画立案から成約（クロージング）の
過程において、各種の助言を行う者をいいます。FA は、ガイドラインにおい
て、売り手または買い手の一方と契約を締結し、その立場に立って、マッチン
グを中心とする M&A のサポートを行います。

FA として業務を行う会社には、銀行、証券会社等のほか、公認会計士、税
理士、弁護士、中小企業診断士等が所属する各種法人やコンサルティング会社
が存在します。

比較的規模の小さいスモール MA においては、公認会計士、税理士、中小
企業診断士、弁護士などが個人で FA 業務を担うことも想定されています。

2. 具体的な業務内容

FA の業務内容、業務範囲、報酬については、アドバイザリー契約において
定めます。以下のメニューの中で、どこまで支援をしてもらえるのかは、FA
毎に異なりますので、サービスラインにはよく注意する必要があります。

- 相手企業の概要把握・分析

- バリュエーション（企業価値評価・事業価値評価）
- マッチング
- 各種ドキュメントの作成
- M&A の取引交渉
- 各種デュー・ディリジェンス（DD）
- M&A 後の戦略立案

3. 仲介者

　M&A 仲介会社は、売り手企業と買い手企業の双方の間に入り、M&A のマッチングを行う立場です。FA は、どちらか一方と契約を締結するので、いわゆる「両手」である仲介者とは異なります。

　仲介者が双方の利益の最大化、双方のバランスを重視するのに対し、FA は依頼者の利益の最大化を重視します。

　FA は、アドバイザリー契約を締結している一方当事者の意向に沿って、依頼者をサポートする立場であり、依頼者の希望を考慮して買い手企業と売り手企業をマッチングしていきます。仲介の場合、買い手企業と売り手企業の双方を代理することになり、双方の事業内容をよく知る立場にあるため、M&A が円滑に進むというメリットもあります。

　仲介者の提案する M&A の方向性や方針が自らの希望に合致した場合には、仲介業務を依頼するアドバイザリー契約を締結します。

4. 報酬体系

　相談料（無料～数百万円）

　着手金（無料～数百万円）

　中間金（成功報酬の 10~30%）

　月額報酬（リテイナーフィー）（30 ～ 200 万円）

　成功報酬（譲渡価額額に一定の料率を掛けるレーマン方式が一般的）

第3章-3 M&A 実行時の法律問題 247

　最近では M&A が成約するまで、相談料から、着手金、中間金、月額報酬まで、アドバイザリー業務に関するあらゆる報酬が発生せず、譲渡価額に応じた成功報酬のみを支払う「完全成功報酬型」を採用する FA や仲介者が増えてきました。

　FA と仲介者の報酬体系は基本的には同様ですが、仲介者は、買い手企業と売り手企業の両方から報酬を得られるのに対し、FA は当事者の一方からのみ報酬を得ることになります。

5. FA や仲介者を付ける意味

　M&A はとかくやることが多いのが特徴です。相手先候補を見つけること、各種ドキュメントを検討すること、機密情報を適切に管理すること、複雑な交渉に臨むこと、DD をして相手方の隠している情報を見つけ出すこと等は、書籍やネット上で得た知識では対応できません。思わぬ落とし穴にはまり込む可能性があります。

　やはり、M&A の専門家である FA に依頼することは、M&A を安全かつ円滑に進めるうえで、重要なポイントといえます。

6. FA の選び方

　M&A のクロージングまでは、1年以上かかるケースも多く、やはり信頼できる FA を選ぶことが重要です。FA の選定においては、長期間のお付き合いになりますので、話しぶりや人柄も重要ですが、ご自身の希望にあった得意分野を持つかどうかという観点で選ぶべきです。税理士・公認会計士は当然ながら数字や事業価値の算定に優れていますし、事業の分析は中小企業診断士、法的なリスクの回避の観点からは弁護士が適任といえます。

　通常、M&A に精通している経営者は少ないので、色々な専門家から話を聞いてみて、信頼できる専門家に依頼をするべきです。マッチング先との業界との顔の広さ、デュー・ディリジェンス業務の内容など、助言内容が明確で、きちんと説明をしてくれる担当者であることが重要です。もちろん、着手金、報

酬金、手数料といった費用の見積もりが明朗であることも重要でしょう。

第３章-4　中小 M&A と PMI　*249*

第３章-4
中小 M&A と PMI

Q 3-17　中小 M&A ガイドラインの改訂とポイント

中小 M&A ガイドラインが改訂されたと聞きました。中小企業経営者としておさえておきたいポイントなどについて教えて下さい。

Answer

中小 M&A ガイドラインを活用するには、まずガイドラインに掲載されている事例に注目し、自社の事業承継との適合性をイメージしましょう。また、基本姿勢や留意点、進め方についても覚えておきましょう。目次を眺めた途端、見慣れない専門用語だらけで腰が引けてしまわれる方も多いですが、各項目につてはチェックリスト代わりに使用する位の気持ちで臨むのもひとつの活用方法です。

【解説】

1.　中小 M&A ガイドライン制定の経緯

まず制定の経緯について簡単に説明します。中小 M&A ガイドラインは、後継者不在の中小企業経営者に対して、M&A に対する理解促進のため基礎知識等を紹介する「手引き」として制定された「事業引継ぎガイドライン」(平成 27 年 3 月制定) が母体となっています。その後、M&A が中小企業の事業承継の出口戦略の 1 つとして一般的になってきたことに伴い、具体的な事例や手数料の考え方、専門業者に対する行動指針や支援機関への留意点を提示した「中小 M&A ガイドライン (初版)」が令和 2 年 3 月に制定されました。

初版公表から 3 年が経過した令和 5 年 9 月に公表された第 2 版では、M&A

250　第３章　スモール M&A と事業承継を実行するための具体的ポイント

専門業者の契約内容や手数料の透明性を向上させるための規定が追加されました。更に翌年の令和６年８月に公表された第３版では、市場の急拡大とともに顕在化してきた好ましくない事例、具体的には「不適切な譲り受け側の存在」や「経営者保証に関するトラブル対応」、「専門業者（仲介者・FA）の営業や広告に関する規律（過度な勧誘　や誤解を与える広告や営業の禁止)」を明示・強化することで、健全な市場の発展に資する内容となっています。

〈主な改訂の方向性：ガイドライン見直し検討小委員会（第３回）資料より〉

- 仲介・FA 手数料に関する説明
- 経営者保証の扱いについて
- 禁止される利益相反行為
- 広告・営業の禁止事項の明記
- 不適切な事業者の排除について
- 最終契約後の当事者間紛争リスク事項

中小 M&A ガイドラインの歴史

時期	内容
平成27年３月	**事業引継ぎガイドライン** 　後継者不在の中小企業経営者にM&Aの基礎知識を紹介
令和２年３月	**中小M&Aガイドライン（初版）** 　M&Aの具体的な事例、手数料の考え方、 　専門業者の行動指針、支援機関への留意点等を提示
令和５年９月	**第2版** 　専門業者の契約内容や手数料の透明性向上を目指した規定を追加
令和６年８月	**第3版公表** 　市場の健全な発展を阻害する事例を具体的に紹介 　不適切な譲り受け側、経営者保証に関するトラブル、 　過度な勧誘や誤解を与える広告や営業の禁止等

出所：筆者作成

2. 最新版（第3版）での追加内容

最新版（第3版）で中小企業経営者向けに追加された主な内容は以下の通りです。

(1) 提供されるサービスと手数料の考慮・検討

中小企業の経営者がM&A仲介サービスの活用を検討する際、提供されるサービスの内容とそれに対する手数料を十分に理解することが重要です。民間サービスであるM&Aの手数料は、仲介者・FAの合意に委ねられていることから、仮に同じM&Aが実現したとしても、仲介者・FAが異なれば発生する手数料の金額が異なるのが現状です。重要なのは依頼者である中小企業やその経営者が納得できる金額であるか否かということです。

第3版公表以降である令和6年8月からは「M&A支援機関登録制度」における登録継続の要件として、手数料の開示も求められています。

中小企業庁の登録支援機関データベースには、最低手数料の水準や報酬基準額の種類等で検索が可能な形で追加される予定となっています。

出典：中小企業庁HP

(2) 最終契約の内容および契約後の当事者間のリスク事項の理解と確認の重要性

最終契約の内容については専門家のアドバイスを受けながら、相手方と交渉・調整の上確定していくことになりますが、その内容について（専門家任せにすることなく）譲り渡し側・譲り受け側が自らでも十分に確認することが重要です。特に当事者間のトラブルに発展する（可能性のある）リスク事項については、仲介者・FAによる役務提供時点では終了しているタイミングで顕在化することや、紛争解決への関与・支援は非弁行為（弁護士資格を有する者のみが実施できる役務）に該当する可能性があり、仲介者・FAによる支援に限界がある点についても留意し理解しておく必要があります。

第3版では、最終契約後の当事者間のリスク事項として①譲り渡し側の経営者保証の扱い（後述）、②デュー・デリジェンス（DD）の非実施、③表明保証の内容、④クロージング後の支払い・手続き、⑤最終契約後の状況に応じた支払いの変動、⑥譲渡し側の資産・負債等の最終契約後整理、⑦最終契約からクロージングまでの期間、の7項目を挙げています。

出典：中小企業庁HP

（3）譲り渡し側の経営者保証の扱いについて

　譲り渡し側の経営者保証の解除は重要なステップの１つです。準備段階でのガバナンス、専門家への相談や、金融機関との事前協議、最終契約での明確な位置づけなど慎重かつ丁寧な対応が求められます。

　経営者保証の提供に依存しない融資についての基本的な考え方を示している

譲り渡し側の経営者保証の扱いについて

❻ 譲り渡し側経営者に関連する資産・負債等の最終契約後整理

✓ 譲り渡し側の会社の財産と経営者個人の財産が明確に分離されていない場合、M＆Aの実施にあたり当該財産を整理することが求められる。

→整理を最終契約後に実施する場合、最終契約の段階で合意した内容に大きく変更が生じ、当事者間で争いに発展するリスクがある。このため、可能な限り、最終契約前に当該整理を行うことが望ましい。最終契約後に整理する部分が残る場合であっても、最終契約前に確実に対象となる資産を特定の上、最終契約において各資産の移転方法・譲渡額を具体的に明記することが重要。

譲り渡し側の経営者保証の扱いについて

❻ 譲り渡し側の経営者保証の扱いについて

● **譲り渡し側の経営者保証の扱いは慎重な検討が求められ、下記の対応が考えられる。**

①M＆Aを進める前の譲り渡し側の信用力・ガバナンスによる解除

✓ M＆Aを進める前に、譲り渡し側において信用力・ガバナンスを構築の上、保証の提供先である金融機関等に保証の解除を相談する。士業等専門家（特に弁護士）や中小企業活性化協議会（信用力・ガバナンス構築について）への相談も有用である。

※「経営者保証に関するガイドライン」では、経営者保証に依存しない融資の一層の推進のため、主たる債務者（＝譲り渡し側）に、(i)「法人と経営者との関係の明確な区分・分離」、(ii)「財務基盤の強化」、(iii)「財務状況の正確な把握、適時適切な情報開示等による経営の透明性確保」を行うよう求めている。

②譲り受け側の信用力・ガバナンスを踏まえた解除又は譲り受け側への移行

(i) 士業等専門家（特に弁護士）や事業承継・引継ぎ支援センターへの相談

✓ M＆Aを通じた経営者保証の扱いについて、支援を受けている仲介者・FAに加えて、まずは、士業等専門家（特に弁護士）や事業承継・引継ぎ支援センターへ相談する。

(ii) 金融機関等への事前相談

✓ 保証の提供先である金融機関等に経営者保証の解除又は移行についてM＆A成立前に相談を行う。

※ただし、(ii)については事前相談後も経営者保証の扱いが確定的とならない可能性もあること、M＆A成立前に金融機関等に情報が提供されることとなる点については留意の上、事前相談を実施するか検討する必要がある。なお、事前相談を行う場合、保証の提供先に対してM＆Aを検討している旨を伝達することとなるため、情報の取り扱いには細心の注意を払う必要がある。
※(i)(ii)の相談にあたっては、仲介契約・FA契約や譲り受け側との契約において秘密保持条項がある場合、これらとの関係に留意する必要があり、相談先を秘密保持条項の対象から除外した上で行う必要がある。

(iii) 最終契約における位置づけの検討

✓ 当事者間で調整の上、保証の解除又は譲り受け側への移行を想定する場合、最終契約において保証の解除又は移行を明確に位置付けることを検討すべき。具体的には、譲り受け側の義務として保証の解除又は移行を位置付けた上で、保証の解除又は移行のクロージング条件としての設定（※）や保証の解除又は移行がなされなかった場合を想定した条項（例えば、契約解除条項や補償条項等）を盛り込むことが考えられる。

※具体的な条件として、(a)最終契約締結後・クロージング前に保証の提供先の金融機関等から保証の解除又は移行が実行できるか組織的な意向表明を取得すること、(b)当該意向表明の結果、保証の解除又は移行の手続を進めることができる場合には、譲り受け側が、最終契約締結後・クロージング前に当該手続の上で必要となる書面を保証の提供先の金融機関等に提出するとともに、代表者の変更登記に係る必要書類の作成すること、を設定することが考えられる。その上で、万全を期す場合には、クロージング日に（必要に応じて金融機関等の同意の下で）代表者の変更登記手続、保証の解除又は移行の手続を同時に実施することが考えられる。
※また、保証の解除又は移行を確実に実施するための手段としては、クロージング時に、譲り渡し側の経営者保証の対象となっている債務を譲り受け側の資力により返済し、別途譲り受け側が借り換えを行うといった方法も考えられる。

出典：中小M＆A第３版改訂に関する資料

254 第3章 スモールM&Aと事業承継を実行するための具体的ポイント

経営者保証ガイドラインでは、主たる債務者に「法人と経営者との関係の明確な区分・分離」「財務基盤の強化」「財務上の正確な把握、適時適切な情報開示等による経営の透明性確保」を行うことを求めています。まず、支援を受けている仲介者・FAに加えて事業承継・引継ぎ支援センターへ相談することを検討しましょう。保証の提供先である金融機関に事前に相談するということは、M&Aを検討している旨を事前に伝達することにもなるため、情報の取り扱いについては相談先と秘密保持契約を締結の上で相談することが望ましいです。特に仲介契約、FA契約や譲り受け側との契約において秘密保持条項がある場合、これらとの関係に留意する必要があり、融資を受けている金融機関を秘密保持条項の対象先から除外した上で相談を行う必要があります。

また、譲り受け側への保証の移行を想定する場合、譲り受け側の義務として譲り渡し側の保証の解除または移行を位置づけた上で、保証の解除または移行のクロージング条件としての設定や保証の解除又は移行がなされなかった場合を想定した条項（例えば、契約解除条項や補償条項等）を盛り込むことが重要とされています。

■コラム■　ガイドラインって何？

　ガイドライン（GL）という用語、よく聞くけど実はよくわからない方も多いのではないでしょうか？ 事業承継GL、中小M&A-GL、中小PMI-GL、経営者保証GLと本書でもたびたび登場します。ここで筆者なりの理解を解説させていただきます（1つの目安とお考え下さい）。

　いずれも「規則や決まり（Rule）」の意味で使用される用語に「法令（Law）」「基準（Standard)」「ガイドライン（Guideline)」「ガイダンス（Guidance)」があります。強制力の強さ順にならべると①法令＞②基準＞③ガイドライン＞④ガイダンスとなるようです。

　1. **法令**：法的強制力を持つ規則や法律。遵守が必須（破ったら罰せら

れる）です。
国会で成立する法律と行政機関が制定する命令（政令・省令・条例）に分かれます。
2. **基準**：業界や分野で一般的に受け入れられる技術や品質の標準を示します。国際標準化機構（ISO）の英語名は、International Organization Standardization で「スタンダード」が用いられています。ISO が定める個々の基準は、「国際規格」と訳されて普及しているのでなじみがないのもうなずけます。
3. **ガイドライン**：自主的に遵守することが推奨されるルールで、強制力はありませんが、主体的に守り、活用されることを期待して公表されます。「規範」「原則」「指針」などと表現されることも増えてきている印象です。
4. **ガイダンス**：具体的な実施方法やアドバイスを提供する文書で、日本語では「手引き」と訳されることも多いようです。より強制力の強い法令等の解釈方法や事例等をまとめたもので、理解や実践を助ける補足として使われているケースも多いです。

法令やスタンダードは外部からの規律、ガイドラインやガイダンスは内部からの規律と考えても良さそうです。

ルールを表す言葉の概念図

出所：筆者作成

Q 3-18　M&A と PMI

> 中小 PMI ガイドラインというものもあると聞きました。こちらについて簡単に教えて下さい。

Answer

M&A が真の事業承継の手段たり得るためには、M&A の譲り渡し側の取り組みだけでなく、譲り受け側において譲り受けた事業が円滑に継続され、更なる成長に向けて発展していくことが必要です（中小 PMI ガイドライン「はじめに」より抜粋）。

1．M&A と PMI

1．M&A の最終契約の締結・決済は「スタートライン」に過ぎません。その後の統合等に係る取り組み（PMI：Post Merger Integration）が車の両輪の

M&A と PMI の関係と成功

出典：中小 PMI ガイドライン

中小 M&A ガイドラインと PMI ガイドライン

時期	概　要
令和2年3月	中小M&Aガイドライン（初版） Mergers & Acquisitions（合併&買収）の型を提示
令和4年3月	中小PMIガイドライン（初版） 合併（Merger）後（Post）の統合（Integration）の型を提示

出典：筆者作成

ごとくセットで機能してはじめて、事業承継の目的である持続的成長が達成されるのです。

　これらのことは、両ガイドラインの初版の内容と公表時期からも明らかです。

2．PMI における譲り渡し側経営者の役割

　PMI の取り組みは「経営統合」「信頼関係構築」「業務統合」3 つの領域に分類されます。ここでは、同ガイドラインに掲載されている譲渡し側の経営者に期待される役割を簡単に記載しておきます。

①　経営統合

　譲り渡し側の経営者は、従来の経営方針やビジョンを新しい経営者に正確に伝えることが重要です。これにより、新経営陣が統一された方向性を持つことができ、経営の一貫性を保つことが可能となります。また、自社の強みや弱みを明確に説明し、今後の戦略に反映させるための情報提供も重要です。

②　信頼関係構築

　譲り渡し側の経営者は、新しい経営者や社員・取引先との間に信頼関係を築くための橋渡し役となり得ます。社員や取引先が安心して新しい体制に移行できるよう、適切なコミュニケーションを図ることが求められます。金融機関や所属団体等のステークホルダーとの信頼関係維持・構築においての役割も重要です。

③　業務統合

　譲り渡し側の経営者は、業務プロセスやシステムの移行をサポートする役割も担い得ます。現業の詳細を統合チームに説明し、必要な改善点や注意点を共有します。また、統合計画の策定に際し課題や解決策について意見を求められるケースも多いです。

　これらの役割を果たすことで、譲り渡し側の経営者は M&A の成功、すなわち統合効果の早期発揮に貢献することが期待されています。

私たち事業承継支援コンサルティング研究会は、従来から事業承継全般について研究を行ってきており、PMI ガイドラインが発表された翌年の3月により実務に即した役立つ参考資料として「専門家のための中小 PMI 実践ガイドブック」を発刊しています。主として支援者向けの内容となっていますが、M&A を考えている中小企業の経営者や経営幹部の方にも役立つ内容となっています。

Q 3-19 人事・労務の PMI

　会社の譲渡先も決まって、あとは細かいところ詰めるだけなのですが、当社と譲渡先の会社は人事制度が異なります。どのように対処すればよいでしょうか。また、その他に人事・労務関係の PMI を実施するにあたっての注意点を教えてください。

Answer

　M&A 成立後、売り手企業の就業規則をはじめとする人事・労務関係の内部規定等について、制度や仕組みの変更（直近の法令改正に合わせた改訂を含む。）・統合等といった見直しを適宜行います。ただし、労働条件の不利益変更を伴う場合には、慎重に検討する必要があります。

　また、整備された新しい人事・労務関係の内部規定類等の内容や枠組みについては、売り手企業の役職員へ徹底する必要があります。

【解説】

1. 人事・労務関係の PMI の必要性

　事業譲渡により M&A を実施した場合、買い手企業に移籍する従業員は買い手企業の人事制度の適用を受けるので、売り手企業の人事・労務関係の内部規定等の見直しということは、特段、問題となりません。

　他方、株式譲渡による場合、売り手企業では、基本的に、これまでの人事制度が維持され、買い手企業の人事制度や就業規則をはじめとする人事・労務関係の内部規定等との不統一・不均衡が生じます。この場合、両者を統一することが望まれます。売り手企業の従業員が不満を感じていた賃金体系や人事評価が M&A 後もそのまま維持されたため、多くの従業員が期待を裏切られたと感じて一斉に離職したなどという事態になっては、人材の確保によって企業規模の拡大、事業多角化などを目指す買い手企業は、その目的を達成することができなくなります。このような事態にならないようにするために必要なのが、

人事・労務関係の PMI です。具体的には、以下のような対応が求められます。

2. 人事・労務関係の内部規類等の見直し

　売り手企業の就業規則（労働基準法第 89 条等）をはじめとする人事・労務関係の内部規定類等について、等級、賃金体系、労働時間管理、人事評価、人事配置、福利厚生、採用、従業員教育（研修）、安全衛生管理、ハラスメント防止、退職金等に関する制度や仕組みの変更（直近の法令改正に合わせた改訂を含む。）・統合等といった見直しを適宜行います。

　必要に応じて、買い手企業の見直しを行うこともあり得ます。

　注意点としては、人事・労務に関する制度や仕組みは従業員にとって直接的な影響があり、特に労働条件の不利益変更を伴う場合等、機微に触れる部分であるため、売り手企業と買い手企業の間で整合性や一貫性を保つことの要否、変更・統合等の時期を含め、慎重に検討する必要があります。

　加えて、就業規則で定めた労働条件は、企業と労働者との労働契約の内容となっているため（労働契約法第 7 条）、買い手企業が、売り手企業の労働条件を M&A 成立後に事後的に切り下げるには、労働者との合意（同法第 8 条、第 9 条）又は合理性（同法第 10 条）が要求され、容易に行うことはできません。

　以上の観点からは、売り手企業の賃金体系や退職金といった労働条件について、M&A 成立後の一定期間は現状の水準を維持する旨を合意することもあり得ます。

3. 人事・労務関係の内部規類等の徹底

　上記のように整備された新しい人事・労務関係の内部規定類等の内容や枠組みについては、売り手企業の役職員への周知・教育を行う必要があります。また、人事・労務関係の内部規定類等を整備した後も、これらが確実に遵守されるよう、遵守状況の確認や、役職員への周知・教育等を定期的に行う必要があります。

売り手企業・買い手企業の双方の従業員等が納得できる人事・労務関係の内部規定類等を整備した上で、これを徹底するということが求められます。

262　第３章　スモールM&Aと事業承継を実行するための具体的ポイント

Q 3-20　従業員への説明

　M&Aにより会社を売ろうと思っていますが、従業員にはどのようなタイミングで説明すればよいのでしょうか？

Answer

　売り手（売り手企業）の規模、従業員の数などによりますが、キーパーソンとなる従業員に対しては、基本合意締結後、クロージングまでの間（"プレ"PMIの期間）に説明することが望ましいです。

　これに対し、その他の従業員に対しては、クロージング後、PMIの集中実施期間に説明するのが望ましいです。

【解説】

1. 売り手企業の従業員への対応の重要性

　M&Aの事実に対して、売り手企業の従業員が不安や不信感を抱き、それが原因でM&Aが失敗してしまうことがあります。

　典型的には、次のようなケースです。

① 　売り手企業の従業員への説明前に売り手企業の従業員にM&Aに関する噂が広がり、多くの売り手企業の従業員が、会社の将来、自身の処遇や雇用、日常業務等がM&Aによって大きく変化すると考えて不安を募らせ、離職した。

② 　多くの売り手企業の従業員が、M&Aの目的やメリット等を理解できず、M&Aに伴う従来業務の変更による負担増や不便さ等だけを感じ、モチベーションを低下させて作業効率が低下した。

③ 　M&A直後から買い手企業の「当たり前」を売り手企業に次々と導入した結果、売り手企業の従業員から協力を得られず、事業の成長はおろか、今までの事業の運営すらも困難となった。

しかしながら、M&Aの目的を達成するためには、こうした事態は何として

でも避けなければなりません。

　そのため、売り手企業は、自社の従業員に対し、適切なタイミングでM&Aの事実について伝えて、業員が抱く不安や不信感を払拭し、納得感や共感を得て協力を得られる関係性をつくる必要があります。

　以下では、そのような観点から、キーパーソンとなる従業員、その他の従業員それぞれに対して、M&Aの事実についてどのタイミングで知らせるか、また、どのような内容について知らせるかを解説します。

2. キーパーソンへの情報開示、協力要請

　まず、キーパーソンとなる従業員に対しては、これらの者の協力がM&Aの成否を左右することから、基本合意締結後、クロージングまでの間（"プレ"PMIの期間）に、他の従業員に先立ってM&Aの事実について知らせ、あわせてM&Aの実施について協力を要請することが望ましいです。

　具体的には、1人ずつ個別に丁寧な説明により情報開示を行い、M&Aの実行について協力を要請します。これによりM&A後にPMIの取り組みを円滑に行う素地を作ります。ただし、情報流出リスクに十分注意し、必要に応じて、秘密を保持する旨を誓約する書面の取得等を行います。

　開示する情報、説明する事項としては、①M&Aに至った背景や目的、②これからの経営の方向性（変わること、変わらないこと等）、③個別に事前の情報開示をする理由（キーパーソンの協力がM&Aの成功のために必要不可欠であること等）、④情報開示している対象範囲（情報を秘匿すべき旨を併せて）、⑤当該キーパーソンの不安や疑問等への回答などが考えられます。

3. その他の従業員に対する説明

　次に、その他の従業員に対しては、クロージング後、PMIの集中実施期間に遅滞なく（例、Day.1）、全員に同時に／等しく／正確に伝える場として、売り手企業の従業員向けの説明会を開催することが望ましいです。それにより売り手企業の従業員の不安や混乱の防止を図ります。

やり方としては、売り手企業の経営者と買い手企業の経営者が同席して各々が説明を行います。具体的には、主に、売り手企業の経営者がこれまでのこと（M&Aに至った経緯、従業員に対する感謝等）を、買い手企業の経営者がこれからのこと（経営の方向性。従業員の処遇等）を説明します。

加えて、買い手企業の経営者は、売り手企業の従業員の不安や混乱を防止し、今後の会社の発展に協力してもらうために、できるだけ詳しく、以下の事項について説明することが望まれます。

ア　買い手企業についての基本情報（業種・主要商材・主な業績・従業員数等）

イ　M&Aの目的、将来ありたい姿（想定されるメリット・シナジー効果等）

ウ　労働条件等（給与体系（退職金を含む）や勤務体系（就業規則を含む）、福利厚生面等。特に従前からの変更点がある場合は当該変更点）

エ　今後の代表者（代表者交代があっても、売り手企業の経営者が顧問等で残ることを伝えると従業員の安心感の醸成につながることもある）

オ　今後の業務（直近で計画されるPMIに関する取組内容や協力依頼）

カ　今後の勤務場所

キ　今後の商号

さらに、買い手企業の経営者は、売り手企業の従業員と1対1で個別面談を実施し、従業員1人ひとりの理解度に応じて説明会での説明を補完するとともに、1人ひとりの思いや等に耳を傾け寄り添った説明を行い、売り手企業の従業員の不安や混乱の防止を図ることが望ましいです。

具体的には、以下の事項について説明するとよいでしょう。

ク　説明会で話した事項（1対1で改めて伝えて、より理解を促す。）

ケ　従業員個人の位置づけ（雇用継続、役割・ポジション）

コ　労働条件等

サ　今後の業務

シ　不明点の解消（説明会での説明内容に対する不明点の有無、不明点に対する補足説明）

ス　従業員の思いの把握（M&A の事実を聞いてどのような思いか、どのように会社側がその思いに寄り沿うことができるか。）

　M&A を成功に導くには、以上のような丁寧な説明、対応を通して、M&A の事実に対して売り手企業の従業員が抱く不安や不信感を払拭し、納得感や共感を得て協力を得られる関係性を構築することが大切です。

あとがき

　最後までお読みいただきありがとうございます。スモール M&A ならびに
事業承継については、中小企業の大きな問題でありながらも、解決するための
情報が不足しています。本書では、中小企業の経営者の皆様にスモール M&A
の基本をお伝えしながら、究極の目標である事業の永続性について、事業承継
の視点から解説させていただきました。

　長く続いている皆さんの企業は大きな価値があります。地域経済の大切な存
在であることは間違いありません。債務超過や赤字でやむをえず倒産する企業
ではなく、資産もあり、黒字である中小企業が廃業することは、なんと勿体な
いことであるかを、再確認頂きたく思います。

　今やスモール M&A はどんな小さな企業にとっても、事業承継の選択肢の 1
つになり得、経営者が変わっても企業が続くことを実現できる世の中になって
います。社会的にも M&A への認知が高まっていることが、その証左となっ
ています。

　これまで積み上げたあなたの経営やビジネスモデルと次の世代に引き継いで
いただき、取引先や従業員の責任を果たしつつ、自らも経済的な収益を得るこ
とは、関係者全員に win-win になり得ます。

　もちろん、長年経営してきた会社を手放すことは、経営者として言いようの
ない「寂しさ」を感じるかもしれませんが、ひとつの季節が終わるように、物
事に区切りがあって、次の世代にバトンを渡すことは、誰にでも起こることで
す。経営者においては、事業承継は最後の大仕事であり、親族承継であれば、
ファミリーとして関わることができますが、スモール M&A であれば、手放
すことになるでしょう。

　だからこそ、スモール M&A で「どのように売却するか」を経営者が知っ
ておくことはとても重要です。最新情報や経営知識が経営者を助けることは、
ご存じの通りです。スモール M&A という新しい経営活動こそ、正しい知識

を常にアップデートして頂ければと思います。そうすることが、皆さんの将来の幸せを助けることとなります。

　本書で繰り返しお伝えしているように、スモールM&Aは経営者の努力だけでは完遂するものではなく、専門家などの協力は必須です。正しい知識を持っている信頼できる専門家は皆さんを全力でサポートし、あなたの将来と会社の将来を最適にすることを目指しています。本書に紹介した内容をご理解いただき、中小企業診断士など専門家のサポートを受けながら、あなたに取って最適なスモールM&Aを実現させてください。

（一社）東京都中小企業診断士協会
事業承継支援コンサルティング研究会
副幹事　髙橋　秀仁

プロジェクトリーダー

髙橋 秀仁（たかはし しゅうじん）

株式会社高橋　代表取締役　中小企業診断士
一般社団法人　次世代経営協会　理事長
事業承継コーチング協会　理事長

事業承継は特別な準備をしなければ、会社は多大な損害を受ける。自らも後継者として事業承継時に社内外で大きな問題を抱え、親子間軋轢からの家庭不和、従業員から反発、衰退産業から事業転換など、後継者特有の苦い経験から、後継者共通の悩みを知り、事業承継独特の「ヒト」と「カネ」問題を独自手法で解決する。
会社を引き継いで後継者・後継社長が成功する独自の事業「勝」継理論を完成させ、後継者は良い経営者になる「DNA」を必ず持っているという信念で、未来を背負う後継社長のリーダーシップとマネジメントを教えている。
2021年より（一社）次世代経営協会の理事長として後継者・後継社長が仲間と共に、自己研鑽する場を毎月提供している。
また、税理士や中小企業診断士など士業を事業承継支援の専門家に育てる「事業承継コーチ養成講座」をオンラインで開催しており、全国で活躍する士業を多数輩出している。

（一社）東京都中小企業診断士協会「事業承継支援コンサルティング研究会」副幹事。
著書には、『頑張らない2代目が成功する　事業『勝』継の極意』（ギャラクシー出版）、『新版　専門家のための事業承継入門』（共著、ロギカ書房）がある。

著者プロフィール

小脇　修　(こわき　おさむ)

小脇コンサルティング事務所　代表

1981年大学卒業後、松下電器産業株式会社（現パナソニックHD株式会社）入社。
国内建築設備営業部門で25年間代理店営業を担当。
2002年中小企業診断士試験合格、翌年登録。
2006年より国内家電専門店チャネルでマーケティング企画を担当。
2015年、全国の街の電器屋さんの社長、従業員や販売会社社員に対し「気づき・意識改革・売り方改革」の研修会を開催。2019年2月の定年退職まで年間約100回、延べ400回以上実施する。
2019年3月よりMSM流通研究所で主任研究員。様々な業種の経営者、従業員対象に同じく「気づき・意識改革・売り方改革」の研修会を新型コロナの影響で中止になるまで40回以上開催する。
2021年5月より小脇コンサルティング事務所を立上げ、中小企業診断士としてコンサルティング活動を本格化させる。
独立行政法人中小企業基盤整備機構中小企業大学校東京校人材支援アドバイザー（2021年5月〜）
九州にて街の電器屋さんグループの後継育成にも関わっている。

一般社団法人　東京都中小企業診断士協会正会員
一般社団法人　埼玉県中小企業診断協会正会員
一般社団法人　鹿児島県中小企業診断士協会正会員
一般社団法人　町田市診断協会正会員

佐々木 亮（ささき りょう）

一般社団法人　東京都中小企業診断士協会会員
一般社団法人　事業承継協会会員

金融機関勤務の後、中小企業診断士として独立し、各種補助金の申請支援や審査業務を中心に活動。また診断士としての活動の幅を広げるべく、中小企業向けのBCP策定支援や公共施設の指定管理者のモニタリング業務等に従事。
診断士の業務を通じて、中小企業の事業承継問題の深刻化と早期着手の重要性について痛感する機会が増え、現在複数の研究会に所属し、最新の事業承継事例を踏まえたケーススタディを継続、実務としてのアウトプットの機会を模索中。
中小企業の新たな可能性を追求するため、2023年から東京大学大学院工学系研究科都市工学専攻（まちづくり大学院）に在籍。「中小企業とまちづくり」を大枠のテーマとして研究中。

佐藤 賢治（さとう けんじ　ニックネーム　さとけん）

出身大学初の理系として財閥系都市銀行に入行。基礎研修後、数式の判るディーラーとしてキャリアをスタート。銀行合併時は、交流人材の一員として資産運用相談業務（銀行にとっては新市場）に取組み、PMIを体現。中小企業診断士資格取得直後、取引先に出向し買収工場の内部管理責任者として企業再生（事業再構築）をご支援。復帰後、保険代理店業務や遺言信託業務（新業態開発、新分野進出）の立ち上げに参画。直近では、政策投資株式、PEファンド管理部門のリーダーとして、株式関連ファイナンスのほぼ全ての案件に関与。
VUCAの時代、ダーウインの進化論も参考に、「強さよりも適応力。生き残る者こそ、真の勝者」をコンセプトに「事業を永続させる方法」の研究を続けている。

所属研究会:「事業承継支援コンサルティング研究会」「ファミリービジネス研究会」

下村 博史（しもむら ひろし）

しもむら経営研究所　下村博史行政書士事務所
中小企業診断士、行政書士、事業承継士、M＆Aシニアエキスパート、認定経営革新等支援機関、一般社団法人 つむぎすと（事業承継協会東京支部）監事、博士（学術、早稲田大学）

三井住友銀行及び日本総合研究所で24年間経営コンサルタント。コカ・コーラボトラーズジャパンに移り、各種の経営改革プロジェクトリーダーを歴任する。2022年しもむら経営研究所と下村行政書士事務所を開業。中小企業診断士、行政書士、エネルギー管理士およびITストラテジストのスキルを活かし創業支援と事業承継コンサルティング活動を展開。とくに補助金申請支援に定評がある。中小企業基盤整備機構・経営アドバイザー、TAMA活性化協会・コーディネーター

(一社）東京都中小企業診断士協会城西支部「三方よし！支援施策研究会」副代表
著書:『ものづくり経営革新』（生産性出版）、『ロジスティクス革新』（生産性出版）、『日本のイノベーション』（白桃書房）

西本 成夫（にしもと しげお）

LSF経営デザインパートナーズ　代表
中小企業診断士

大阪府大阪市生まれ。プラントエンジニアを目指し1983年に大阪大学基礎工学部化学工学科を卒業するも、当時は稀であった都市銀行に総合職として入行。大阪市内の中小、零細企業むけ法人営業担当として、新規顧客開拓やオーナー経営者の相続対策から事業承継への対応などの現場経験を積む。その後、東京、

ニューヨーク、シンガポールを拠点に、諸外国の大型プロジェクトむけ国際金融業務に携わり、発電プラントやガスパイプライン、道路・トンネル等の開発ファイナンスに従事。

2006年にバンク・オブ・アメリカ銀行の在日代表に就任し、日系大企業並びに在日米国企業むけのグローバルファイナンスを推進した後、総合商社に移籍し国内外の投資案件の評価・ストラクチャリング・審査を担うリスクマネジメントを歴任。

2020年より電気設備・建設業の中堅企業にて新規事業開発や経営管理に従事し、事業承継ニーズに応える形で複数のM&A投資の現場を支援。

グローバル大企業から中小・零細企業まで幅広い顧客接点とM&Aや事業承継に黎明期から携わってきた経験をベースに、2024年4月、「この街のたいせつを未来へ」LSF経営デザインパートナー代表として独立。現在は、プライベート・エクイティ・ファンドによる非上場企業の資本政策支援に携わる傍ら、中小企業の事業承継をばねに中堅企業への成長を支援する活動を展開している。

安田 和博（やすだ かずひろ）

中小企業診断士
認定経営革新等支援機関
事業承継士

東京都出身、東京都在住。東京都中小企業診断士協会城東支部所属。早稲田大学第一文学部卒業後、出版専門商社（取次）にて、インターネット書店運営や債権管理、子会社経営管理などを経験。大学浪人時代の製本工場アルバイト、学生時代の書店アルバイトも含め、書籍に関わり続けている。

現在は出版関連業界専門金融機関である文化産業信用組合に在籍。中小企業に寄り添い、経営者と一緒に考え抜くという信念を持ち、出版、印刷、製本業などの経営改善支援や、企業の健康診断ツールであるローカルベンチマークシートの推進をする傍ら、中小企業の事業承継、M&Aを手がけている。

（一社）東京都中小企業診断士協会城東支部　所属
著書：『中小企業診断士が選ぶ　小さな会社の社長に読んでほしい「マーケティング必

読書」21選』（共著、2024、Kindle Direct Publishing）、雑誌記事：月刊『企業診断ニュース』（発行：一般社団法人中小企業診断協会）、月刊『れいろう』（発売：公益財団法人モラロジー道徳教育財団出版部）

上野 真裕（うえの まさひろ）

弁護士・中小企業診断士

弁護士業務として、主に一般民事事件（各種損害賠償、労働、家事、不動産等）、債務整理（破産、個人再生、任意整理）などを取り扱う。中小企業診断士業務として、主に事業再構築補助金など各種補助金申請の支援、中小M&Aアドバイザリーの提供などを行う。

清水 健介（しみず けんすけ）

弁護士法人奥野総合法律事務所　パートナー弁護士
株式会社再興経営研究所　代表取締役　中小企業診断士

弁護士・中小企業診断士として事業承継のご相談を受ける際には、金融機関からの借入や連帯保証が大きな課題となることが多々あります。一見健全に見える会社でも、実際には債務超過や十分な収益を生み出せていない場合が多く、事業承継案件と思われるケースの多くが、実は事業再生案件であることが少なくありません。

買い手にとっては、事業再生の手法を理解し、有利な条件で事業を購入する方法を身につけることが必要です。一方、売り手にとっては、金融機関が納得する価格での売却を目指しつつ、経営者保証ガイドラインに基づく保証債務の整理を同時に進めることが重要となります。

事業承継の本質は、承継後に事業が円滑に進展し、持続可能な成長を実現することです。そのためには、事業再生の知識を身につけ、適切な判断と準備を行うことが欠かせません。後悔のない事業承継を実現するため、事業再生の視点を取り入れた準備を進めていただきたいと考えます。

元東京都中小企業活性化協議会　統括責任者補佐
東京商工会議所　経営安定特別相談室　専門スタッフ

松井　智（まつい さとし）

榎本・松井法律事務所　パートナー弁護士　中小企業診断士
株式会社ニューテック　社外取締役　監査等委員
上智大学法科大学院　非常勤講師

大企業、中小企業における企業法務を中心に取り扱う。専門分野は事業承継、M＆Aのほか、コープレートガバナンス、フランチャイズ等。中小企業診断士としての知見も生かし、法的な観点のみならず、企業経営の現場に即した実践的なアドバイスを心掛けている。会社法・事業承継に関する講演も多数行っている。

著書（いずれも共著）：
『中小企業の両利きの経営〈未来を創る 10 の視点〉』（ロギカ書房）、『キッチンカービジネスのすべて』（同友館）、『100 店舗を目指す！フランチャイズシステム構築マニュアル』（同友館）

未来へ事業をつなぐ
中小M&Aガイド

発 行 日　2025 年 4 月 30 日

編　　者　事業承継支援コンサルティング研究会

発 行 者　橋詰 守

発 行 所　株式会社 ロギカ書房
　　　　　〒 101-0062
　　　　　東京都千代田区神田駿河台 3-1-9
　　　　　日光ビル 5 階 B-2 号室
　　　　　Tel　03（5244）5143
　　　　　Fax　03（5244）5144
　　　　　http://logicashobo.co.jp/

印刷・製本　藤原印刷株式会社

定価はカバーに表示してあります。
乱丁・落丁のものはお取り替え致します。
©2025　事業承継コンサルティング株式会社
Printed in Japan
978-4-911064-23-8　C2034

■M&Aの統合プロセスを成功に導く、プロが装備すべきスキルとは！
■顧客に信頼されるための一冊！

専門家のための
中小PMI
実践ガイドブック

事業承継支援コンサルティング研究会　編
A5版・272頁・並製・定価：3,080円（税込）

【主要目次】
第1章　M&AとPMIの概要　　　第2章　中小PMIの進め方
第3章　経営の統合　　　　　　第4章　事業機能の統合
第5章　管理機能の統合

■今、話題の経営手法を中小企業向けに、中小企業診断士・弁護士・会計士が実践的に解説！
■「既存事業の深掘り」「新規事業の探索」、中小企業だって"両利きの経営"を実践できる！

中小企業の
両利きの経営
未来を創る10の視点

事業承継支援コンサルティング研究会　編
A5版・288頁・並製・定価：3,080円（税込）

【主要目次】
第1部　基本編　土台となる考え方　　両利きの経営とは/成長戦略/従業員の巻き込み/・・・
第2部　4つの視点　　新規事業の創出/事業再構築/第二創業/DX戦略
第3部　外部連携・M&A　　フランチャイズによる新規事業/M&Aで探索を加速